潘文欽·著
天星卜卦學
Horary Astrology
揭開星學應用之奧妙
深入占星論斷之實務
果老、政餘與占星學之最高階應用
ELISABETHA · D · G · ANGLIÆ · FRANCIÆ · ET · HIBERNIÆ · REGINA · FIDEI · DEFENSATRIX ·
Stellata
Proceres
Heroes
Consiliarii
Camera
MAIESTAS.
PRVDETIA.
FORTITVDO.

前言

天星卜卦學之源由

「天星卜卦學」英文原名HORARY，在國外是一種古老而高層次的應用占星學，其原理乃是針對單一或是特殊的人事物，透過提問者提出問題的時間與空間結合，而與當下的天星相互感應，繪製成天星盤來回答提問者的問題或疑惑，就像「梅花心易」用時間取卦一般，同樣都是講究天人感應的「觸機」！

HORARY的源流已經無法考證，但是可以確定的是在國外流傳已久，由於HORARY必須運用到比較高深的占星學論斷技巧，且在某些論斷往往偏向宿命式論斷，而不涉及心理學式的解析，故有別於近代的西洋占星學，甚至被近代的占星學所不容與排斥，故在國外眞正懂得HORARY的占星學者也不多見，甚至HORARY被視爲是占星學的秘技而鮮少流傳。即使在傳統的占星書籍中見到的，也大多只是隻字片語，鮮少有專門著作。

在台灣，相關於HORARY的著作根本未曾見過，在西元一九九〇年代隨著西洋占星學漸漸在台灣流行，HORARY的觀念慢慢才有人介紹，但是用的人也不多！早期的占星學者將HORARY中文譯作「問題占星學」，因爲其中蘊藏時間奧妙，故又有人譯作「時變占星學」，此時HORARY仍屬於紙上談兵的階段，最主要是因爲占星排盤計算繁雜，在當時要排出一張命盤需耗費多時，加上很多人寧願使用簡單方便的「梅花心易」與「文王卦」之類的中國術數，使得HORARY在推廣上也遇到相當的困難！

九〇年代末期，拜電腦科技日新月異之賜，用電腦程式排出占星盤就變得相當簡捷，只要幾秒鐘，就可以排出一張精美的占星盤，因此筆者也才開始投入較多的時間研究，並且記錄許多案例加以觀察，幾年下來，也漸漸領悟到許多HORARY的精妙之處，當然也對傳統的西方論斷理論提出修正。

由於筆者學習中國的陰陽術數已經多年，因此在實踐與印證的過程中加入了許多《易經》的陰陽觀念，並且將「梅花心易」與「文王卦」的演化技巧適度的融入，使HORARY更符合東方的《易經》哲學系統，也更加符合中國的國情與使用習慣。

由於上述因素，使得很多論斷方面的見解可能不同於西方占星學家眼中的HORARY，這一點，希望讀者可以體會筆者的用心！

由於本人的HORARY主要的理論技巧蛻變自「西洋占星學」，並融合「梅花心易」與「文王卦」之演化技巧，其問題的解析關鍵在於天上運行的「星星」，為了方便記憶且符合國情，故將其命名為「天星卜卦學」而有別於西方占星學家所使用的HORARY。故讀者們若發現書中某些卦例的解釋不同於外國書籍，也不必太過驚訝，因為筆者致力於東西占星學的融合，很多推論過程與理論的轉換，都是經過無數次的試煉，才能有今日一點點小心得與大家分享！

何謂「天星卜卦學」？

天星卜卦學是在特定的時空下，針對某一特定的問題做出解答，簡單的說就是卜卦的一種。只不過傳統的東方卜卦大都是源於《易經》八卦，而「天星卜卦學」則是蛻變自西洋占星學。跟中國卜卦方式一樣，「天星卜卦學」是針對單一問題來作比較深入的解析，並且根據問題的吉凶提供建言，以達到「趨吉避凶」的目的！（中國術數裡的「六壬神課」之結構與「天星卜卦學」相當類似）

由於「天星卜卦學」必須考慮到特定的時空因素，因此除了起盤的時間外，也特別重視空間問題，也就是經緯度所衍生出來的眞太陽時概念。經緯度不同的地方，在同一個時間所起出來的星盤，很可能造成不同的吉凶結果。例如，同樣是中原標準時間12:00整，由於經緯度的不同，在台灣台北排出的星盤與香港排出的星盤會有些許不同，同樣的，在西藏排出來的星盤更是天差地別，也因此，常常有學者搞不清楚這個空間問題！

例如，某人在山西打電話來台灣占卜，那麼天星盤到底是要以山西爲主？還是以台灣爲主？這一點在國外也有相同的爭議存在！

可是，如果以《易經》的體用觀念來看，這些問題根本都不是問題！只要抓清楚誰是主體，問題都可迎刃而解！這就是「天星卜卦學」與西方的HORARY之差別所在！

其他如用神觀念、體用觀念以及宮位的對峙問題，都是筆者個人的心得，很多是簡單好用的觀念，今提出來無非是希望將好的學問推廣給大家，透過「天星卜卦學」的推廣可以幫助更多的人趨吉避凶，希望讀者們好好的學習！以下我們將一步步來介紹「天星卜卦學」！

自序

寫書創作是一件非常辛苦的事，特別是在五術命理的寫作上，一方面想不流於形式對自己所學做一個交代；另一方面又想多賺點稿費，偏偏魚與熊掌無法兼得，想要多賺點稿費就無法寫出鞭辟入裡的內容來。因為內容太深，很多讀者無法看懂；要想寫一些大衆娛樂的簡單命理書籍，卻又覺得無法對自己的學問交代；於是乎筆者從第一本占星學的創作於一九九五年完成《實證占星論命》（武陵出版）後，就封筆不再寫書，轉而投入占星以及五術命理的教學領域，至今也將近有十個年頭了！

十年前，曾經有那麼一群志同道合的占星界朋友想在台灣傳播正統占星學，十年後的今天，台灣的占星界還是無法達到一定的水準，這當中當然有很多讓筆者感到遺憾和欷嘘的地方，眼見十年後台灣的占星學還是流於電視娛樂話題，大家還是在太陽星座打轉，讓占星學的研究者不勝感慨。為了能夠提升台灣占星界的素質，筆者再一次地想重新發揚占星學，於是將自己多年來研究占星心得和資料重新整理，想陸續的出書發表，一方面是想對台灣的占星界貢獻一份心力，圖個虛名；另一方面也是對自己十多年來的占星所學與所得做一個整理與交代！所以這本書應該是上一本《實證占星論命》的進階應用吧！

筆者看書，向來不喜歡長篇大論，更不喜歡整本書只有理論而沒有案例印證，所以在本書寫作時，就盡量朝向理論少、案例多的方向寫作，因此在占星學的基礎部分，讀者只要參考筆者上一本書《實證占星論命》即可，剩下的一些觀念，筆者都在書中的案例一一說明了！

原本出版社的編輯小姐認為這本書內容比較艱深，擔心沒有銷售市場而遲遲無法決定出版與否，在筆者與武陵出版社多次的溝通後，終於讓這本書能夠順利出版，在此筆者還是要對武陵出版社致上深忱的敬意，感謝武陵出版社對台灣占星學界的支持與貢獻！當然也需要衆多愛好占星的朋友支持，如果這一次的出版銷售順利的話，往後筆者還有一系列的高階占星也將能如願的陸續出書！倘若沒有各位讀者支持，筆者這些高階占星心得恐怕只能埋沒在筆者的電腦之中了！

本書能夠出版，除了感謝武陵出版社和衆多占星界好友的支持外，還要感謝Destiny命理網許多網友的愛護與支持，因為透過網路無遠弗居的交流，使筆者在短期間內大量地收集卦例與驗證，當然也衷心希望對占星學有興趣的朋友能夠光臨本站，參與占星學的研究與討論！對於本書中若有任何的問題，也歡迎讀者來信，大家共同研究，只要不涉及攻訐謾罵，筆者會盡力回覆的！最好是直接上網到 Destiny 命理網卜卦占星版或占星版直接發問，倘若是私人問題不方便公開的話，可以直接以 E-mail:pankened@ms24.hinet.net 聯繫，或是直接附上回郵信封寄到：基隆市（204）安樂區新西街二〇七巷二十三號 潘文欽收。謝謝！

王中和老師推薦序

學星象多年，深感星象學生活化之重要性，能將星象生活化之人，不會開口閉口都是星座星曜名詞，而是在生活中都能默契天理，從心所欲而不踰矩。要達到此種境界，學理經驗靈感，三者缺一不可，尤其日常生活中有各種現象，能恰當對應占星之理，占星之數，運用之妙，存乎一心，神而明之，存乎其人。

星象卜卦是很好的練習，有動有占，心領神會，心中之星象法則，能對應生活中之現象，猶如緣起性空，真空妙有，不偏於生命現象，亦不偏於占星學理，現象昇華即學理，學理落實即現象，空即是色，色即是空，空不異色，色不異空，胸羅星斗之生命，流出世間萬事萬物，不限於學理，不惑於現象，有問即答，如響斯應。星象家之生命境界，不但有趣，亦可彌綸天地之道，星象卜卦之意義，可以幫助學者更了解宇宙結構與生命本體，真是大機大用，陰陽不測。

學星象猶如參禪，都要有參之功夫，所謂見山是山，汲汲於星象學理之搜羅，何者真？何者偽？何者是？何者非？一一辨明清楚，身如菩提樹，心如明鏡臺，時時勤拂拭，莫使染塵埃。這是初段功夫，偏於有守有為，有形有象。

第二步，見山不是山，靈思妙運，提綱契領，易簡而天下之理得矣，橫掃星盤亂象，時有驚人之語，人莫知其故，出言已驚心，正所謂菩提本無樹，明鏡亦非臺，本來無一物，何處惹塵埃。這是學星象的第二段功夫，偏空滯寂，獨步靈臺，手攀北斗，鬼神通之，未免流於魔道。

第三步，見山又是山，學理流出現象，現象根於學理，廣矣，大矣，以言乎遠則不禦，以言乎邇則靜而正，衆因緣生法，我說即是空，亦為是假名，亦是中道義，一心三觀空假中，不偏於緣起，亦不偏性空，若我生於五祖弘忍付法之際，必題一偈以接六祖之後，所謂:觀樹悟菩提，見臺了明鏡，即物即本來，法喜惹塵埃。以明煩惱即菩提，天理即流行之旨趣。觀諸父母，則知日月。天理昭昭，大中至正。

學星象能啟發人類智的直覺，亦是修道之資糧位，如是發起十信，十住，十行，十迴向，其功不亦大哉！生活現象與占星學理的無礙與平衡，要靠平日用心在星象卜卦之學，履霜堅冰至，見一葉落而知天下秋，生活圓融，自由自在。文欽兄是我之老友，平常用心在玄學，探賾索隱，於術數無所不窺，今逢其《天星卜卦學》出版，一則以喜，一則以懼；所喜者，天星卜卦將發揚光大，所懼者，世變日亟，天將以有為乎？文欽兄亦是帶天命之人，此書之出版，是時代潮流，亦有對人類之無限愛心，相信讀者閱後，必有如我之感受。

王中和序於指南山

目錄

第一章　天星卜卦盤的基本功夫(一)

在所有天星盤中，黃道十二宮、後天人事十二宮以及行星是組成星盤的基本三要素。因此，要想學好天星卜卦，非得從黃道十二宮、後天人事十二宮以及行星的基本星性勤下功夫不可。以下我們就分別來探討黃道十二宮、行星的基本星性以及後天人事十二宮。

先天黃道十二宮

黃道十二宮，就是地球繞行太陽時，太陽所投射在天球黃道帶上的十二個宮位，也就是坊間所謂的「太陽星座」。

太陽每經過一個黃道宮位，差不多要一個月時間，走完十二個宮位正好是一年，因此自古以來這十二個黃道宮位對於曆法有重要影響，古時候的農官更是依太陽經過黃道帶的時間訂定二十四個節氣，教導農民依節氣播種，特別是中國的二十四節氣觀念更進一步的影響到日後的命理學發展，幾乎所有的命理術數都離不開節氣的規律，尤其是八字學，更是直接以節氣做爲取用神喜忌的依據，由此可知黃道十二宮的地位與重要性。

而在占星學裡頭，不管是中國的七政四餘抑或是西洋占星術，也莫不以此黃道十二宮爲重要組成因素。當然在天星卜卦盤中，更是不可或缺。以下就是先天黃道十二宮的基本介紹，希望讀者們務必仔細研習！

白羊座

♈白羊座：戌宮。

節氣：春分到穀雨。

一、陰　陽：陽。

二、四　正：主要。

三、三　方：火（直覺）。

四、相對後天宮：命宮（開國第一宮）。

五、關 鍵 字：我是。

六、對　　宮：天秤座—分享興趣（利益）。

牡羊座—個人興趣(利益)。

七、宮主星火星相對特性：積極、直接、侵略、暴躁。

八、正面特質：開創、冒險、勇敢、精力充沛。

負面特質：自私、暴力傾向、衝動、沒耐心、自我中心。

九、主要四正宮：一般性事務的領導先鋒、推動改革者、帶頭去影響環境、獨斷。

十、象　徵：1～5歲調皮的小男孩，初生之犢。

十一、火三方宮：以直覺能力去獨斷「要」與「不要」。

十二、基本個性：需要眞實(會接受事實的衝擊)，追求眞理，不虛飾門面(不宜善說謊的政治圈)。爆發力很強，會燃燒自己，不顧死活。無法忍受慢吞吞的，急性子，不切實際。精力充足，全神投入，因此常感精力枯竭，十分專注，因過度投入而有失心症。一次做一件事，而不斷變換事情(三分鐘熱度)。揮發性很強，三分鐘熱度，無法忍受步調緩慢、一成不變的職業，永遠不炒冷飯。下決斷很快，埋頭猛衝，沒有耐心，很容易洩氣。爭執時，自我意識很強，不甘心落下風，口不擇言，有話就說，不顧別人。

十三、家庭結構：喜歡運動，好動、不安份、難以靜下來、過動兒，是父母眼裡難以管教的小孩。

十四、愛情態度：一見鍾情，有點天眞、眞誠，莽莽撞撞。

十五、智　慧：好奇心，有研究的熱忱，面對事物原始的眞相、求眞。

十六、職業工作：喜歡開創性的工作，可能投入學術研究，或自己創業當老闆。很有運動細胞，也可能成爲運動健將或從事軍旅生涯。

十七、藝術素養：會用直覺去體會藝術，有時會對藝術產生狂熱。

十八、主要信念：只爲自己的興趣（研究），忽略別人死活，同時也忽略自己的其他需求。

十九、感應的環境：開疆闢土、開路先鋒、開創、火車頭、不喜歡跟隨別人。遇阻礙會盡力排開，像公羊一般往前衝。

二十、健康狀況：容易出現頭部或血管的問題，應小心割傷、被火燒傷。

廿一、弱點：做事虎頭蛇尾，經常需要人家幫他善後。

廿二、三方成份：行動力（火）占七成，思考力（風）三成。

金牛座

■金牛座：酉宮。

節氣：穀雨到小滿。

一、陰　陽：陰。

二、四　正：固定。

三、三　方：土（實際）。

四、相對後天宮：財帛宮（第二宮）。

五、關　鍵　字：我擁有。

六、對　　宮：天蠍座－情感上的堅持。
金牛座－物質上的習慣。

七、宮主星金星相對特性：享受，逸樂，美食，藝術，財富。

八、正面特質：實際，可靠，耐心，責任感，掌握商機，保守。
負面特質：固執，古板，貪婪，縱口腹之慾，反應較慢。

九、定四正宮：穩固，堅持，獨立，生活規律，觀念堅持。

十、象　徵：美食主義的壯牛。

十一、土三方宮：實際工作者，重視肉體感官享受，關心實際生活話題。

十二、基本個性：非常踏實的一步步去工作，重視安全感，太穩健踏實，缺乏開創力。保守，不易改變，牛脾氣，有耐性，按部就班，規律性，話不多，關心實際的生活問題，佔有慾很強，喜歡吃，美食家，貪圖逸樂，感官和享受。喜歡香水、珠寶、華麗服飾，標準生產者，像牛一樣的努力工作。工作做得好，飯吃得多。通常身材胖而結實，壯壯的肩膀和粗大的脖子，忠心不二、言行一致。

十三、家庭結構：著重舒適、安穩、不變的家居環境。十二星座中最孝順，個性保守，對子女會以自己的經驗要求。

十四、愛情態度：對愛情有強烈的佔有慾，但十分忠心，喜歡穩定關係。

十五、智　　慧：智慧多用於賺錢，有經商的長才。

十六、職業工作：實業家，地產家，銀行家。

十七、藝術素養：在於直接的身體感受，實用藝術家，如廚師，美食家—喉嚨、胃；歌手、聲樂—聽覺、喉嚨；美感—視覺。

十八、主要信念：執著於過去的經驗，一朝被蛇咬，十年怕草繩。

十九、感應的環境：情緒穩定，但牛脾氣一發不可收拾，喜歡保持好習慣。
二十、健康狀況：喉嚨、牙齒容易出毛病。
廿一、弱　點：太頑固，要改變他的想法很難。
廿二、三方成份：實際度（土）占七成，情感度（水）占三成。

雙子座

♊雙子座：中宮。
節氣：小滿到夏至。
一、陰　陽：陽。
二、四　正：變動。
三、三　方：風（思考）。
四、相對後天宮：兄弟宮（第三宮）。
五、關鍵字：我想。
六、對　宮：射手座－智慧上的體驗。
雙子座－知識上的追求。

七、宮主星水星相對特性：心智活動強，理性，資訊，多元化，語言，活潑。

八、正面特質：健談，機敏，活潑，才藝，吸收力強。

負面特質：善變，膚淺，狡猾，多疑，喋喋不休，說比做的多。

九、變動四正宮：如新聞媒體每天有不同的新話題，好奇，時髦，喜新厭舊，不穩定。

十、象　徵：話多的記者，煩人的推銷員。

十一、風三方宮：資訊性，溝通性，知識性，理性，多變多元化。

十二、基本個性：喜歡講話，一開口就講不停，如廣播電台，善於宣傳、交流、推銷，對流行的新聞不落人後，故常識性豐富。對書本入迷，多才多藝，或博而不精、浮而不實、一事無成。語言家，知識性而無學術性，知道而不深入。想法太多，神經緊繃，神經質，心智活動不停。心智力強，求新求變，多元發展，執行力弱，易鬆手，虎頭蛇尾，成事不足，意見很多。口齒伶俐，言詞犀利，吵架如上海人，言語激辯就是不動手，反應快。

十三、家庭結構：管教雙子座的小孩，需要以理性溝通，手足關係在成長過程中扮演影響很大的角色。

十四、愛情態度：心情多變，不能勉強他信守承諾，感情不投入，換女朋友如換衣服，女朋友只是朋友而已，不是老婆。過於理性化，喜歡分析感情生活，因太了解而怯於投入，感情只是空口談談。

十五、智　慧：東家長西家短，多方打聽，話題收集者，而不是事實的追求者，三姑六婆、串門子。

十六、職業工作：溝通性強，善於口頭、文字、圖畫、聲音、符號的表達，如作家、記者、教師、律師、電台DJ、推銷員、演說家、語言專家、圖書館工作者、郵差、雜誌家、設計家。

十七、藝術素養：資訊力強，吸收新知，時髦而年輕不易老，重視新奇的體驗。

十八、主要信念：想法自由，非常不堅持，重視思考過程，想法多元化，心情多變，給人雙重性格的印象。

十九、感應的環境：能言善道，善於建立社交關係，但膚淺不深入，各種人都可以溝通，看起來都懂，卻又不深入。喜歡旅行，腳踏車旅行，汽車旅行，喜歡四處逛逛看看。

二十、健康狀況：手臂細而弱，手指、指甲、手掌易受傷。氣管及肺部要多注意。

廿一、弱　點：強迫推銷自己的想法，具備推銷員的基本條件，叫他不說話等於要他的命。

廿二、三方成份：思考性（風）占八成，行動力（火）占一成，實際度（土）占一成。

巨蟹座

♋巨蟹座：未宮。

節氣：夏至到大暑。

一、陰　陽：陰。

二、四　正：主要。

三、三　方：水（親情）。

四、相對後天宮：田宅宮（第四宮）。

五、關 鍵 字：我感覺。

六、對　宮：摩羯座—建構物質的世界。

巨蟹座─建構親情的世界。

七、宮主星月亮相對特性：情緒化，溫暖，本土，故鄉情，母愛，照顧。

八、正面特質：敏感，同情，母性，愛國，記憶力強，念舊。

負面特質：情緒化，心胸窄，難以取悅，記仇，疑心病重，守舊。

九、主要四正宮：主導家庭的氣氛，用情感去影響家人關係及人際關係。

十、象　徵：老媽子，外殼硬而內在軟弱的蟹，對外防衛，對內犧牲。

十一、水三方宮：重視親情，視老友如家人，相處愈久愈有感情，重視傳統價值觀。

十二、基本個性：有媽媽照顧的愛心，也有容易受傷的心靈，尤其是家人的批評，最爲難過。會護短，對自己的家人、好友犯錯較能原諒，同情自己人。對陌生人則缺乏一點同情，保守而小氣，對老友例外，將省下的留給家人。爲了保護自我、家人，平常的軟弱會轉變爲剛強，與別人吵架會裝出一副堅強的外表，不可侵犯，但與自己人吵架只會一再容忍生悶氣。不喜歡清理東西，致家中廢物一大堆，可能是因爲他們念舊，也可能是對貧窮敏感。喜歡保存舊照片、學校的獎狀、自己光榮的歷史，記憶力好，好提當年勇，也有記仇傾向。吵架會拿對方說過的話來反擊，對過去的記錄不會輕易忘記。因自我保護性作祟，所以公關能力弱，情緒發洩管道不暢通，情緒不穩定。

十三、家庭結構：十二宮中最愛家的星座，無法忍受家庭中的爭吵，家是唯一的避風港，是不可替代的天堂，也不願出外追尋更美好的生活。對家人好可能表現在做飯上，通常一煮就很多，怕家人吃不夠，吃不完就自己吃，或留下一頓再吃，以致身材無法控制。

十四、愛情態度：外冷內熱，自我保護性強，不易取悅，但只要變成好朋友，就會對你很好，喜歡將豐富的感情，用堅強的外表包裝。

十五、智　　慧：多用於吃，穿，住，本土化，傳統及故有的事情。

十六、職業工作：可能喜歡從事家庭主婦（夫），烹飪，餐飲業，平價服飾，地產，旅館飯店，室內設計，中古商，訓詁學，考古學者，歷史學家。

十七、藝術素養：對本土藝術會有較大的興趣，對傳統本國文化也有較高的地位。有人會投注於室內設計、服飾以及美食上。

十八、主要信念：幸福美滿而溫暖的家庭是一生追求的目標，重視家庭中的快樂與老朋友的關心。

十九、感應的環境：內心敏感，容易感到受攻擊，被侵犯，但又不敢直接反抗，會氣在心中。本身雖較爲軟弱，但爲了保護家人，會成爲拼命三郎，爲家戰鬥。

二十、健康狀況：胸部，消化器官，尤其是胃需特別注意。

廿一、弱　點：因太愛家人，太相信朋友，所以家庭破裂和朋友的背叛是巨蟹族經常的悲哀。

廿二、三方成份：情感度（水）占七成，行動力（火）占三成。

獅子座

♌獅子座：午宮。

節氣：大暑到處暑。

一、陰　陽：陽。

二、四　正：固定。

三、三　方：火（愛現）。

四、相對後天宮：男女宮（第五宮）。

五、關鍵字：我要。

六、對　宮：水瓶座—注重大我的價値。

獅子座—注重自我的表現。

七、宮主星太陽相對特性：光芒四射，明星，領導能力，愛現，自我中心，慷慨，樂觀。

八、正面特質：慷慨大方，自信，熱力四射，領袖人物，正派直接，重視形象。

負面特質：好面子，吹牛，不自量力，好使喚別人，不能容忍反對意見。

九、固定四正宮：個人的決定，不可懷疑，除非他自己收回，別人絕對不能商量。

十、象　徵：愛現囂張的大老闆，不聽話就炒你魷魚。獅子，萬獸之王，需要所有人的尊敬。

十一、火三方宮：行動力，表現性，統御力，自我中心，炫耀，唯我獨尊。

十二、基本個性：最重視其尊貴之相，喜歡活在高貴的幻想中，好大喜功，想要在人生的歷史上留下精彩的記錄。喜歡當主角，不喜歡當配角。會因爲面子而不顧其他事情，會盲目的爲主要目標而浪費揮霍。過於自負，忠言逆耳，主觀，武斷，直入重點，但不看細節。發起脾氣不能收拾，無法溝通，但事過境遷又忘得一乾二淨。自信滿滿，厚臉皮，愛現，喜歡炫麗的生活方式，愛出風頭。有打腫臉充胖子的傾向，故有揮霍的習慣。花錢作面子，海派，慷慨。

十三、家庭結構：對長輩聽話，但需要晚輩服從，在家耍老大，家中的氣氛很華麗，虛榮。

十四、愛情態度：對異性有征服佔有的想法，注重曾經擁有的感覺，看一個愛一個，不專情，戀愛史是吹噓的題材。

十五、智　慧：多用於休閒娛樂，自我表現，以及男女關係上。

十六、職業工作：可能與戲劇，表演，娛樂業有關，相位好的人多為老闆或政治人物，相位差則在工作上難相處。

十七、藝術素養：非常的表現主義，有豐富的創造力，有戲劇的本能，演技一流。

十八、主要信念：除了面子以外還是面子，但每位獅子族的面子不見得相同。

十九、感應的環境：喜歡被人誇，陶醉在虛幻的掌聲中。娛樂至上，視缺席或被遺忘為畏途。

二十、健康狀況：心臟，血管系統，背部容易出問題。

二一、弱　點：捧捧他，服從他，他就會對你十分慷慨，對你很好。
廿二、三方成份：行動力（火）占八成，思考性（風）占一成，情感度（水）占一成。

處女座

♍處女座：巳宮。
節氣：處暑到秋分。
一、陰　陽：陰。
二、四　正：變動。
三、三　方：土（氣小）。
四、相對後天宮：奴僕宮（第六宮）。
五、關鍵字：我整理。
六、對　宮：雙魚座—感情或精神上的犧牲奉獻。
處女座—勞力或工作上的犧牲奉獻。
七、宮主星水星相對特性：分析性，資料處理能力強，小心謹慎，有條理，現實而理性。

八、正面特質：分析力強，安全第一，完美主義者，規律條理，無微不至。

負面特質：膽小，小氣，挑剔，保守，孤僻，見樹不見林。

九、變動四正宮：無法忍受不安定感，易受環境影響。

十、象　徵：工蟻，生命的意義在工作，人生以服務為目的。

冷感的小女人，愛乾淨又孤僻。

十一、土三方宮：最懂得做好自己份內的工作，有清晰的數字感，用錢很小心。

十二、基本個性：對細節非常重視，但往往忽略大原則，無法忍受東西亂丟、一團糟的環境，有潔僻。因為內在的組織力次序感強，所以對數字的概念很強。凡事放心不下，非常膽小，不能任大事，有被批評的恐懼症。對錢財的使用非常保守，實際，給人的感覺多是小家子氣，一毛不拔。可能會對人嚴苛。整理過的環境一被動過，很容易察覺，並因此而不悅，常使人覺得他太挑剔。

十三、家庭結構：天生勞碌命，要求盡善盡美，對家人無微不至，做事勤快，注意小地方，愛乾淨，活得很辛苦，標準家庭主夫主婦。

十四、愛情態度：如同小女生般，既期待又怕受傷害，期待完美，又膽小不敢嚐試，考慮太多，對情感的表達缺乏自信。

十五、智　　慧：資料的整理，分析上、工作上、細節上，常因小失大，眼光短淺。

十六、職業工作：適合從事服務業，少爺、公主等。資料處理的高手，適合當祕書。也可能與電腦工作、會計、護士、數學家有關。

十七、藝術素養：實用藝術，注重工筆，匠氣太重，缺乏想像力與創造力。

十八、主要信念：安全至上，完美主義：，會轉變為斤斤計較，吹毛求疵。

十九、感應的環境：注重內在已建立好的次序感，對變動的環境會感到強烈不安。小心謹慎，對陌生人會排斥，有點孤僻。

二十、健康狀況：腹部，腸胃較會出問題，對身體的毛病很容易憂慮，怕死。

廿一、弱　　點：對混亂的情形無能為力，很怕受到責難。

廿二、三方成份：實際度（土）占七成，思考性（風）占三成。

天秤座

♎天秤座：辰宮

節氣：秋分到霜降。

一、陰　陽：陽。

二、四　正：主要。

三、三　方：風（平衡）。

四、相對後天宮：夫妻宮（第七宮）。

五、關鍵字：我衡量。

六、對　宮：牡羊座—注重自我利益和興趣的投入。

天秤座—注重利益和興趣的共享。

七、宮主星金星相對特性：協調性，均衡的美感，品味高雅，舒適，慵懶。

八、正面特質：迷人高雅，長袖善舞，交際高手，溫和親切，喜歡朋友。

負面特質：優柔寡斷，鄉愿，難以拒人，懶散，缺乏執行能力與積極性，沒有立場就是他的立場。

九、主要四正宮：喜歡以分析客觀事實或其他和平方式，來影響夫妻、合夥，及一般人際關係。

十、象　徵：靈敏的天秤，考慮再三，難以決定。高貴的紳士，喜歡中上階層的舒適生活。

十一、風三方宮：在接收所有的意見後，才爲這所有意見取平衡點傷腦筋。

十二、基本個性：非常在意朋友，寧可配合別人，也不敢主張自己的意見，以免破壞朋友交情。很會做表面功夫，也善於溝通協調，公關能力強，典型的社交人才。也善於扮演折衝的外交官角色。對人客氣，很有風度，在處理別人的衝突也不例外，大多用和平方式來解決。對衝突或吵架的看法，是取對立兩方的中點，兩方各讓一步，而不求眞理，常會爲和平而和平。沒有意見，沒有立場，很容易讚同別人，不代表眞的什麼意見都沒有，而是需要時間好好的想一想，平衡一下，強迫他做決定，會造成他的壓力，而答案也沒有多大意義。

十三、家庭結構：非常注重生活品質，舒適感不可缺，家庭氣氛會很享受。可能會因太懶而有混亂的景象。家中成員多半有教養。

十四、愛情態度：喜歡一起工作，一起享樂，「一起」的感覺很重要。會在意對方的外表、裝扮，是調情高手。

十五、智　　慧：多用於增加其優雅的感覺，或維持其一貫的慵懶特性。

十六、職業工作：明星，模特兒，外交，司法，時尚流行，設計師。

十七、藝術素養：天生對「美」很有感覺，會被精緻、時髦、流行、一般藝術所吸引。

十八、主要信念：和平是唯一準則，寧信世界大同，也不願果斷的解決事情。

十九、感應的環境：害怕競爭的氣氛，喜歡分享以及和平，不喜歡得罪人，故受人歡迎。喜歡自己舒服，給人的感覺也很舒服。

二十、健康狀況：腎臟、臀部、腰背部較易出問題。

廿一、弱　　點：要求別人是很痛苦的事，最不懂得拉下臉，也不知如何拒絕別人的要求。

廿二、三方成份：思考性（風）占七成，實際度（土）占三成。

天蠍座

♏天蠍座：卯宮。

節氣：霜降到小雪。

一、陰　陽：陰。

二、四　正：固定。

三、三　方：水（深情）。
四、相對後天宮：疾厄宮（第八宮）。
五、關　鍵　字：我渴望。
六、對　宮：金牛座—物質上的習慣。
天蠍座—情感上的堅持。
七、宮主星冥王星相對特性：權力，陰沈，絕對，強烈，死亡，再生。
八、正面特質：毅力，堅定，謀略，感知力，投入。
負面特質：有心機，城府深，狠毒，殘忍，難以妥協。
九、固定四正宮：對感情十分執著，對自己的目標一定要完成，死而後已。
十、象　徵：勾踐，爲復國而堅忍不拔，隱藏自己的企圖，爲達目的犧牲一切。
十一、水三方宮：忠於感情不二心，慾望強烈，對感情投入。
雷達，暗中觀察，人不知我，我獨知人。
十二、基本個性：善於忍耐，意志堅定，對人多半勢利，但很會隱藏，生命力強，不屈不撓的往目標邁進，有的人會鑽研新科技，有的人則會對政治或職位投入，通常觀察力、感知力很強，對情勢最爲了解，凡事要求最好的，眼光高，寧缺勿濫，有時會殘忍狠心，有時會老謀深算，對事件分析很深入，很會記仇，不能得罪。

十三、家庭結構：父母大多不了解其個性，對配偶會愛之欲其生，惡之欲其死，對小孩會要求很高，家庭的氣氛多半陰冷，有風雨前寧靜的壓迫感。

十四、愛情態度：激情，強烈，戀愛至死方休，難以忍受被傷害，會想報復。情欲和性慾是一體的，感情會用性來表現。

十五、智　慧：非常精明，尤善於鬥爭，算計別人，以維持其絕對優勢。

十六、職業工作：可能成爲外科醫師，刑警，神祕學者，心理學家，黑社會份子。

十七、藝術素養：需求強烈的張力，以引發生命中最直接的感動，觀察深入，潛意識的反應。

十八、主要信念：爲達目的，堅持至死，追求絕對的權力，維持優勢是很重要的事。

十九、感應的環境：政治鬥爭，黑社會，革命，逆境中激發潛能。

二十、健康狀況：性器官容易出狀況，應避免工作過度。

廿一、弱　　點：十二星座中最不易露出弱點的星座，但好鬥善妒，使他浪費時間與體力。

廿二、三方成份：情感度（水）占七成，實際度（土）占三成。

射手座

■射手座：寅宮。

節氣：小雪到冬至。

一、陰　　陽：陽。

二、四　　正：變動。

三、三　　方：火（直接）。

四、相對後天宮：遷移宮（第九宮）。

五、關 鍵 字：我看到。

六、對　　宮：雙子座─知識上的追求。

射手座─智慧上的體驗。

七、宮主星木星相對特性：擴張，好運，直接，哲學。

八、正面特質：樂觀，誠懇，坦率，大膽，沒有心機。

負面特質：獨斷獨行，說話傷人，流浪成癖，粗心，太樂觀。

九、變動四正宮：會不斷的嘗試新生活，對人生觀也一直反省。

十、象　徵：飛馳的箭，不可能改變方向，直入目標，擋我者傷，很自我。

野馬，需求自由，可以無目的地漂泊，喜歡回歸大自然。

十一、火三方宮：樂觀自信，很沖，熱情消失會改變生活方式。

十二、基本個性：對人沒有心機，直腸子，莽撞，說話很沖，常得罪人而不自知，有時只顧自己，沒有考慮別人的立場，喜歡速度感，流浪成癖，活動範圍不會固定，理想和實際永遠不搭軋，會說理，但也會突然冒火，對遠方有特別的憧憬，遊學，旅行，天文星象，外國文化，會被宗教哲學所吸引，而使實際目標停頓，過程比結果重要。

十三、家庭結構：是父母眼中的麻煩製造者，喜歡亂跑，頑皮，心常不在家，家中的氣氛有外國情調，可能有點原始，有點自然，或其他特殊的感覺。

十四、愛情態度：表達情感的方式很直接，對感情很坦率，不欺騙，想法多變，需要自由的實驗空間，對愛情的態度，令人感到不穩定。

十五、智　　慧：十二星座中最具智慧的星座，眼光遠大，不受現實所侷限，但也會因過份樂觀而不切實際。

十六、職業工作：哲學家，教授，律師，宗教家，旅遊業，航空業，運動員，天文學家，出版業，貿易，代理商。

十七、藝術素養：對國外的藝術有較高的興趣，可能會傾向野獸派的藝術，對藝術的態度常改變。

十八、主要信念：自由主義，自然主義，志在遠方，外國的月亮比較圓。

十九、感應的環境：異國情調（拉丁，印度，中東，歐式，非洲），原始、蠻荒的環境，學術研究（哲學，天文，法律）。

二十、健康狀況：肝臟、臀部、大腿、動脈容易出狀況。

廿一、弱　　點：無法忍受在同一環境或形態中生存，如野馬般不被控制。

廿二、三方成份：行動力（火）占七成，情感度（水）占三成。

魔羯座

♑魔羯座：丑宮。

節氣：冬至到大寒。

一、陰　陽：陰。

二、四　正：主要。

三、三　方：土（物質）。

四、相對後天宮：官祿宮（第十宮）。

五、關 鍵 字：我用。

六、對　宮：巨蟹座—建構親情的世界。
摩羯座—建構物質的世界。

七、宮主星土星相對特性：結構性，組織性，保守性，功利，非常小心謹慎。

八、正面特質：穩固，可靠，謹慎，組織架構強，規律條理，按部就班。
負面特質：冷酷無情，嚴厲，憂鬱，難以親近，吝嗇，疑心病重。

九、主要四正宮：會主導物質環境，用事業成就去影響別人。

十、象　徵：元老，老成持重，人生以服務爲目的，冷感的小女人，愛乾淨又孤僻。

十一、土三方宮：現實，重視成就地位，實用取向，爲了成功而埋頭苦幹。

十二、基本個性：嚴以律己，也同時要求別人，有責任感，對傳統尊重，對長輩、地位高者，會聽從其要求，有道德感，思考周詳，有時會想的太多，疑神疑鬼。喜歡專家意見，不相信一般常識判斷，做事按部就班，缺乏想像力，「有什麼用？」是其一貫的思路，不會好高騖遠，很實際，給人的感覺是可靠、踏實、穩重、事業心強。

十三、家庭結構：家庭的責任重大，但常會爲此投入工作，而忽略家人，對弟妹或子女要求嚴苛，標準很高，對晚輩說話如同訓話一般，給家人難以取悅，不苟言笑之感。感情會隱藏在物質的包裝下。

十四、愛情態度：門當戶對，會注重對方的家世，或對自己的助益，可能會對有能力的對象產生興趣。

十五、智　慧：重心都在，「有用」的東西上，增加成就，提高地位，或許對技術會有興趣。

十六、職業工作：公家機關，土木建築，骨科醫師，繪圖員，地產業，行政管理。

十七、藝術素養：不外乎結構美學，建築美學，實用藝術，會重視技術上的精進。

十八、主要信念：事業第一，實用主義，在商言商，就事論事，不講情面，注重事件的結構或步驟。

十九、感應的環境：事業地位的追求，工作上的競爭，唯物主義的社會。

二十、健康狀況：關節、膝蓋、骨骼、牙齒、皮膚比較會出毛病。

廿一、弱　點：凡事都想得很嚴重，精神壓力太大。

廿二、三方成份：實際度（土）占八成，思考性（風）占一成，情感度（水）占一成。

水瓶座

♒水瓶座：子宮。

節氣：大寒到雨水。

一、陰　陽：陽。

二、四　正：固定。

三、三　方：風（與衆不同）。

四、相對後天宮：福德宮（第十一宮）。
五、關　鍵　字：我知道。
六、對　　　宮：獅子座—注重自我的表現。
水瓶座—注重大我的價值。
七、宮主星天王星相對特性：革新、變動、發明、突然、理想、新科技。
八、正面特質：四海，三教九流，創意，突破現狀，尊重團體，路見不平，拔刀相助。
負面特質：反叛，怪異，激烈，愛管閒事，難以親密，破壞穩定的狀況。
九、固定四正宮：將別人的想法革新，然後堅持這個想法。
十、象　　　徵：民進黨，會爲弱勢團體說話，爲理想不惜破壞，暴力傾向，自毀形象。怪胎，想法新鮮，不爲一般人所接受。
十一、風三方宮：追求新知，爲團體喉舌。
十二、基本個性：「不要管我」是他的心聲，反對權威，討厭現有的固定模式，特立獨行，喜歡走自己的路，所學的才藝非常有創意，很有新鮮感，看見不公平的事件經常發揮其正義感，有點雞婆，喜歡一個人的感覺，要給他一些空間，但會投身社團，爲大家出力，會關懷大衆，爲人好，會很嘮叨，常給人壓迫感，交三教九流朋友，卻害怕親密的感覺。

十三、家庭結構：不論輩份，堅持有發言權，喜歡直言不諱，甚至爭辯，自主性強烈需求。給人的感覺多是不太孝順，有距離感。

十四、愛情態度：害怕情感的約束，不愛太親密，多會選擇同居，婚姻契約不易維持。

十五、智　慧：多用在追求新知，爲弱勢聲援，追求新感覺，創意發明。

十六、職業工作：科學家，設計師，航空業，社工，民主鬥士，俠客。

十七、藝術素養：前衛藝術，對怪異有所癖好，強烈需求新奇創意。

十八、主要信念：人道主義，自由主義，民主主義，狐群狗黨。

十九、感應的環境：民主社會，無政府狀態，開會討論，革命的不穩定性。

二十、健康狀況：心臟，腳踝，循環系統容易出狀況。

廿一、弱　點：無法忍受各種形式的約制，沒有自由是最痛苦的事。

廿二、三方成份：思考性（風）占七成，行動力（火）占三成。

雙魚座

♓雙魚座：亥宮。

節氣：雨水到春分。

一、陰　陽：陰。

二、四　正：變動。

三、三　方：水（太多情）。

四、相對後天宮：玄祕宮（第十二宮）。

五、關　鍵　字：我相信。

六、對　　宮：處女座—工作和勞力的犧牲奉獻。

雙魚座—精神和愛情的犧牲奉獻。

七、宮主星海王星相對特性：陰暗，朦朧，神祕，逃避，宗教，軟弱。

八、正面特質：慈悲，善解人意，好好先生，犧牲，感情豐富，很有想像力。

負面特質：意志薄弱，畏畏縮縮，逃避現實，善於欺騙，不實際。

九、變動四正宮：爲使自己不受傷害，會換上保護色，表面上配合環境。

十、象　　徵：童話故事，充滿所有的可能性，有想像，有浪漫，有令人感動的一切。苦行僧，爲信念投入全部的自我。

十一、水三方宮：感情充沛，眼淚如水管，多情總被無情傷，很強的第六感。

十二、基本個性：喜歡僞裝自己去適應環境，表面個性柔順，內在有不爲人知的堅強信念。給他一個英雄形象，他會成爲烈士，也會爲生存而改變自我，生命力很強，弱者的象徵，對人寬容，沒有個性或脾氣，常常懶散，一投入藝術會展現其內心世界，常活在幻想之中，對現實的一切會表現的與世無爭，沒有面對現實的勇氣，幻想中完美，現實中無能。

十三、家庭結構：會爲家人犧牲，子女會被慣壞，居家多半有浪漫氣息或異國風味，感覺比現實重要。最不懂得吵架，較易妥協，但會有各種欺騙花招。

十四、愛情態度：情場的被動者，會爲浪漫而欺騙，可能溫柔也可能多變，常爲情所困，會爲情犧牲，甚至殉情，也可能無法抗拒第三者的吸引力，桃花滿地。

十五、智　　慧：多用於夢的編織，自我保護，宗教或其他信念，也會投入藝術。

十六、職業工作：織夢者如廣告工作，設計家，小說家，舞蹈家，宗教人士，酒保，海員，水族。

十七、藝術素養：浪漫主義，情感泛濫，幻想超過寫實度，除了感動還是感動。

十八、主要信念：博愛主義，慈悲爲懷，見不得人家苦，怯懦怕事，能避就避。

十九、感應的環境：幻想世界，避風港，宗教生活，犧牲者或砲灰。

二十、健康狀況：腳掌，循環系統容易出狀況。用藥須小心，應避免喝酒，以免酗酒。

廿一、弱　　點：無法抵抗各種形式強迫，一兇他就沒輒。

廿二、三方成份：情感性（水）占八成，行動力（火）占一成，實際度（土）占一成。

第二章　天星卜卦的基本功夫(二)

基本星性

任何一種占卜學都必須有其主角，「梅花心易」的主角是八卦五行，「六爻卦」的主角是干支五行，而天星卜卦的主角當然是「星星」囉！筆者在前面曾經介紹過，星盤每一顆星彷佛是每一個宮位的主人，因占問的事情不同而由不同的星擔任主角，也就是我們所說的「用神」！透過星與先後天宮及相位的互相牽引，一張星盤就像是在演一場舞台劇一般，訴說著每一位占卜者的心聲，因此瞭解每一顆星的特性，絕對是深入天星卜卦的唯一途徑！以下的行星相關字是在進行本命盤或卜卦盤論斷時，經常會使用到的詞語，雖不用死背，但至少要理解，日後在推斷星盤時方能得心應手。

太　陽

人事：老闆、領袖、主席、父親、男人、明星、工頭、名人、國王、政治家、政客。

事物：統治、管理、出頭、權威、聲譽、父權、顯要、企圖、名望、身份、精力、活力、熱力、發光、白天能量、體力、生命力、朝氣、溫暖、壯觀、繁茂、華麗、高等職務、頂點、權力、威信、驅策、創造力、遊戲、不屈不撓、自恃、獨斷獨行、獨特、意志、決心、賭博、娛樂。

個性：慷慨、揮霍、親切、自我本位、野心、大膽、激勵、活潑、熱情、寬大、氣派、亮麗、高貴、尊嚴、耀眼、浪費、虛榮、雅量、偉大、莊嚴、自大、傲慢、自誇、自信、自我意識、自私、任性、自負、榮譽、自尊心、固執。

地方：政府機關、娛樂場所。

身體：背部、體質、眼睛、心臟、心囊、精力的恢復、脊柱、背骨疾病。

時間：正午。

太陰（月亮）

人事：母親、太太、女人、算命者、助產士、看護、女傭、平民、群衆。

事物：情緒、感情、感覺、興緻、心情、知覺力、常識、自覺、錯覺、空想、臆想症、想像力保護意識、心靈感應、潛在意識、共鳴、生育、繁殖、生產、再生、懷孕、豐富、肥沃、家庭生活及事務、家政、母親方面的遺傳、預兆、感受性、委屈、適應性、可塑性、食物、食品雜貨、日常用品、樸素、平凡、營養、衛生、健康、個人魅力、公共事務、日常事務、收集、儲藏、記憶、房子、土地、幼兒時期。

個性：憂鬱、情緒低落及壓抑、精神異狀、多愁善感、不安、直覺本能、警戒、害羞、膽怯、謹慎、軟弱、溫和、謙恭、仁慈、善變、反覆無常、移轉、浮躁、短視、淺見、消極。

場所：潮濕地、湖、小河、港灣、沼澤、水族館、酒館、啤酒、海灘、咖啡店、烹調、洗衣店、廚房及廚具、餐館、旅館。

身體：腹部、腸、消化器官、胃、腦、小腦、胸部、乳腺、膿腫、水腫、過敏症、眼力、女人病、婦科、月經、淋巴系統、神經末鞘、鼻、氣喘、血液中的血清、身體的循環性、身體的流質、身體的腺體系統、癌症、貧血症、感冒、中風、身體虛弱、子宮。

時間：晚間。

水星

人事：年輕人、兄弟、堂（表）兄弟、同志、同學、下屬、學生、科學家、想像者、技工、銀行出納員、辦事員、雇員、零售商、秘書、傭人、統計學家、速記員、打字員、化學、電腦設計師、數學家、土木工程師、懷疑者、掮客、推銷員、學徒、作家、教師、勸誘者、發言人、愛管閒事的人、郵差、跑者。

事物：妄想、思想、焦慮、算帳、分析、記憶、心智、恍惚、健忘症、精神錯亂、易興奮、理解力、概念、理智、知性、知識、邏輯、理論、思潮、主意、讀心術、精巧、調查、領悟、會計、精確、服務才能、機械才能、手藝、技巧、設計、策略、適應性、表面、不沈著、不休息、譏諷、牢騷、伶俐、變換、僞造、伸縮、猜忌、不學無術、模仿、頑皮、機動性、偷竊、中傷、詆毀、詭計、廣告及其撰寫、海報、代理、寫作、書、書店、廣播、新聞及其評論、雜誌、溝通方法與設備、措辭、論文、編輯、初中級教育、編故事、說謊、信息、打聽、謠言、印刷、意見、顧問。

個性：理性主義、挑剔、吹毛求疵、機巧、幽默、滑稽、好奇、嘲弄、健談、活潑、機警、一心二用、雙重性、易變、聰明、多才多藝、巧妙、膚淺、狡猾、協議、口才、策劃、消息、商業事務、買賣、協商、契約、律師、辯論、議論、爭吵、演說、欺騙、健康、衛生、旅行、旅遊、電報、近距離的溝通、通信、無線電訊、電話、交通運輸工具、步行、航行。

場所：學校、郵局、車站。

身體：聽覺、氣管、氣喘、手臂、呼吸、支氣管、大腦的右半球、頸骨、肺部循環、神經病、神經質、神經系統、感官神經、失眠、耳朵、指頭、過敏症、喉頭、視覺、知覺、嗅覺、肩膀、甲狀腺、觸覺、聲音器官。

時間：少年時代、求學期。

金星

人事：愛人、配偶、資本家、財政家、詩人、歌手、紳士、淑女、外交官、建築師、鋼琴家、業餘愛好者、同伴、伴侶、女兒、少女、女性親戚、女人。

事物：銀行業、證劵、遺產、利益、賄賂、資本主義、出納員、支票、贈送、捐贈、通貨、薪水、報酬、金錢借貸、個人的賺錢與花錢才能、獎金、動產、財源、財富、美學、審美觀、演員、藝術、樂團、聲樂、合唱、民謠、漫畫、服飾業、建築學、美術、風格、風采、美感、美的事物、色彩感、色調、喜劇、作曲、戲曲、陶藝、化粧、造形、裝飾、雕刻、唯美主義、工藝、園藝、音樂、繪畫、花卉業、美容業、技藝、揷畫、電影、歌劇、戲劇、傢俱、陳設品、珠寶、感覺、情趣、浮華、荒唐、糖果、溫柔、殷勤、招待、讚美、幸福、快樂、舒適、緩和、親切、和藹、寬恕、平穩、冷靜、寧靜、優美、精緻、敏銳、靈巧、悠閒、典雅、高貴、上流、精華、享樂、美食、貪食、豪華、奢侈、華美、肥沃、豐富、多產、隨便、愛情、婚姻、性愛、戀慕、姦情、慶典、慶祝、求婚、私奔、寵愛、親密、親熱、願望、期望、吸引、魅力、外表、氣質、教養、文明、涵養、嗜好、流行、時尚、偏愛、娛樂、快活、歡樂、招待、喜悅、空閒、盛會、消遣、郊遊、結合、同盟、聯盟、合併、認同、休戰、協調、友愛、合夥關係、婚姻生活、妥協、折衷、和解、夥伴、同志、一致、同意、承諾、說服、互惠主義、交際事務、條約、交情、禮貌、禮節、和平主義、交涉、仲裁、調解、公正、公平、司法、正義、平衡、對稱、女權主義。

個性：柔弱、虛弱、溫順、優柔寡斷、虛飾、諂媚、阿諛、巴結、輕浮、誇耀、肉慾、淫亂、懶惰、耽迷、放縱、善於社交。

場所：舞廳、宴會、妓院、遊樂場、俱樂部。

身體：耳管、耳咽管、靜脈、頰、膀胱、糖尿病、白喉、生殖系統、泌尿系統、頸子腫脹、甲狀腺腫、淋病、腎臟、腰部、肌肉組織、味覺、扁桃腺炎、腎結石、梅毒、觸覺。

時間：青春期、思春期。

火星

人事：成年人、一般的男人、軍人、強盜、流氓、無賴、鐵匠、肉販、屠夫。

事物：突發、偶發、意外、橫禍、縱火、灼熱、危險、緊急、爆發、傷殘、遇難、野心、冒險、投機、辯論、爭吵、鬥爭、崩潰、動亂、盜用、敵對、惡意、怨恨、征服、侵略、對立、反抗、襲擊、強暴、殘忍、野蠻、欺凌弱者、屠殺、犯罪、不法企圖、掠奪、謀殺、開拓、率先、開端、領導、進取、先鋒、渴望、慾望、瘋狂、性慾、生殖力、鮮紅、體力、精力、活力、行動、活躍、促進、放肆、熱力、生氣、激動、鼓動、興奮、激憤、切割用具、鑿刀、理髮、金屬物、拳擊、雕刻、牙科、工程機械、火製品、針、消防隊、外科手術、武力、軍事、軍用品、交戰、物理治療。

個性：狂暴刻薄、殺氣騰騰、貪婪、粗野、勇猛、殘酷、無恥、暴力、熱情、誇耀、自大、大膽、勇敢、魯莽、草率、坦率、自私、任性、易怒、焦躁、性急、衝動、疏忽。

場所：工廠、軍營、火葬場、煉鋼場、屠宰場、靠近火源的地方。

身體：腎上腺素、盲腸炎、血液中的鐵質、紅血球、左腦溢血、發炎性疾病、排泄系統及器官、前額、膽汁、泌尿生殖系統、頭痛、出血、痔疾、脫腸、肌肉組織、鼻、體格、風濕、胃潰瘍。

時間：成年期。

木　星

人事：富豪、廣告及其代理、銀行業者、資本家、金融業者、外交官、律師、法官、顧問、參事、預言家、主教、唯心論者、觀念論者、長官、教師、大學教授、運動家。

事物：幸福、喜事、幸運、好處、受益、機會、報酬、捐獻、財源、開銷、財政、遺產、財產、貴重品、進步、發展、擴大、膨脹、肥大、過量、提高、進取、改善、昇遷、繁榮、成功、企圖、豐富、充裕、累積、豐滿、多產、暴食、和平、安寧、愉快、爽朗、優秀、傑出、友誼、和睦、豪氣、勇氣、雅量、調和、融洽、親切、殷勤、自由主義、資本主義、債券、海外電報和電信、服飾業、國際貿易、長距離的溝通及傳達、長途旅行、海運、空運、國際條約、法律、仲裁、公正、宗教、信仰、神學、哲學、良心、誠實、正直、懺悔、榮譽、理想主義、論理學、抽象的心靈、道德、靈性、超俗、共鳴、智慧、上流階級、有閒階級、高貴、宴會、慶典、威嚴、文明、教化、高等教育、知識程度、正派、華麗、顯要、名氣、得意、自負、虛飾、耽迷、願望、期待、管理、經營。

個性：浪費、奢侈、熱忱、樂觀、博愛、慈善、慷慨、寬大、草率、光明正大、率直、幽默、官僚、驕傲、自大、自誇、放肆、自尊心、放縱、機智。

場所：外交部、法院、立法院、教會、修道院。

身體：膽汁、中風、膿腫、動脈、靜脈、血壓、血液循環、大腿及其毛病、身體的腺系統、胰臟、長瘤。

時間：事業成就期、壯年期。

土星

人事：公務員、土木工程師、編輯、工人、勞動者、老處女、老年人、野蠻人、窮人、數學家、政治家、懷疑論者、裁縫師。

事物：構造、組織、限制、嚴謹、精密保護、防禦、規則、責任、勤勉、訓練、戒律、隔離、寂寞、隱居、基礎、穩重、穩健、嚴格、抱負、負荷、義務、寒心、沈思、熟慮、疑慮、忍耐、持久力、保留、儲藏、獨身、節約、樸素、自制、冷淡、沈默、無感覺、隱藏、古板、陳舊、過時、傳統、拘泥、掃興、粗俗、單調、無味、堅定、可靠、憔悴、收斂、慣例、習慣、因襲、虛弱、殉難、困難、緩慢、遲延、靜止、無動於衷、沈悶、退化、拘留、遏止、萎縮、笨拙、落後、畏縮不前、破產、妨害、障礙、喪失、苦難、不幸、變故、束縛、停止、失意、壓縮、凝固、集中、專心、強制、壓迫、削減、陰暗、降低、衰老、挫折、失敗、缺陷、不足、退化、惡化、腐化、掛念、煩惱、愚鈍、憂鬱、絕望、恐慌、衰老、舊事物、僵硬、顧忌、懼怕、不悅、憎恨、反感、非難、輕視、苛責、無禮、惡意、貧窮、艱苦、行政、不動、固定、事物的基礎、土地、硬的東西、粗糙、礦物、音響學、農業及農具、建築製圖、製陶業、經濟學、唯物論、純理論、現實主義、實在論。

個性：自我本位、自憐、克己、貪心、吝嗇、細心、猜忌、剛毅、不屈不撓、內省、偏狹、佔有慾、禁慾主義、無情、冷靜、害羞、內向、無聊、保守、愼重、誠實、貞節、忠實、懦弱、消極、悲觀。

場所：山地、修道院、農場、田園。

身體：骨骼及其疾病或破折、關節僵硬、關節炎、動脈硬化、聽覺器官、慢性疾病、便祕、聾、牙齒、殘廢、皮膚、痛風、結石、頭髮、小兒痲痺、畸形、風濕、駝背、分泌系統、脾臟。

時間：老年期。

天王星

人事：奇人、愛管閒事者、精神病學家、心理學家、占星學家、天文學家、工程顧問、飛行員、私生子、同性戀、女權主義者、自由思想家、魔術師、心靈治療者、諷刺漫畫家、神經學專家。

事物：偶發、橫禍、意外、大變動、緊要關頭、爆炸、地震、運氣的轉變、異常、變態、畸形、驚異、驚奇、奇特、怪癖、反常、與衆不同、直覺力、識別力、洞察力、創意、好奇心、精明、機敏、設計、改善、企圖心、探險、嘗試、奇想、見異思遷、聰明、發明才能、研究、調查、活潑、前衛、先驅、煽動、無政府主義、反抗、變節、暗殺、大膽、目中無人、直率、脫軌、分離、離婚、意見不和、分解、無秩序、崩潰、逆轉、不法、顛覆、流亡者、嬉皮、革新、解放、現代化、觀念、概念、形上學、矛盾、利他主義、市民組織、同事、同志、合作社、企業體、黨派、友愛、流浪者、共產主義、無神論、個人信仰的拋棄、自由意志、立法機關、催眠術、玄學、科學、精神感應能力、電影、攝影、汽車、電學、電子技術、機械才能、空航、自動化設備、颱風、新型職業、放射線、電子技術、電信技術。

個性：自由奔放主義、人道主義、博愛主義、自主、獨立、標新立異、古怪。

場所：俱樂部、議會、社團、鬧市。

身體：精神病、腳踝、身體的流質分佈、腸子抽筋、氣腫、駝背、中風、腦下垂體、突發性疾病。

海王星

人事：間諜、靈媒、巫師、藥劑師、化學家、船員、海軍、算命師、神職人員。

事物：超感覺、直覺、預感、幻想、耽溺、幽靈、神秘現象、禁慾主義、陶醉、魅力、渾沌、洞悉力、探察力、懺悔、自覺、敏銳、妄想、錯覺、泡沫、虛幻、幻影、預知力、謎、霧、滲透、煩惱、失望、茫然、恍惚、曖昧、困惑、甜言蜜語、欺騙、僞造、易受騙、虛張聲勢、故弄玄虛、善變、混亂、陰謀、秘密、隱藏、躲避、放蕩、誘惑、墮落、虛弱無力、模稜兩可、含糊、漂浮、徘徊、擔心、恐懼、適應性、脆弱、模仿、背信、密告、秘密的敵人、中傷、誹謗、秘密組織、走私、友愛、同情、憐憫、內省、犧牲奉獻、超俗的心靈、共鳴、同感、軟弱、審美觀、藝術天賦、攝影、電影、戲劇、唯美主義、神話、信仰、文學或藝術創作、唯心論、無形、廣大無邊、著迷、靈感、音樂、朦朧、詩、浪漫、情調、時尚、交感、融和、心心相印、避難所、監禁、宗教精神、宇宙、天空、入神的境界、感受、氣氛、精神、魔術、不可思議、奧秘、通靈術、降神術、玄學、神秘主義、心靈研究及經驗、覺悟、瑜珈、超自然、酒精飲料、安非他命、痲醉藥、溶解、蒸餾、咖啡、藥品、煤氣、石油、玻璃、醫藥、吸煙、毒藥、苦悶、海灣、溝渠、潮濕、泉水、溺斃、海洋、與水有關的職業。

個性：敏感、難以捉摸、不切實際、意志薄弱、心不在焉、理想主義。

場所：感化院、修道院、寺廟、神壇、海邊、湖泊。

身體：貧血症、消耗性疾病、病因不明的疾病、腳的疾病、內分泌失調、腦水腫、過敏症、臆想病、歇斯底里症、昏睡、精神治療法、神經纖維、神經衰弱、松果腺、夢遊症、自殺。

冥王星

人事：核子科學家、外科醫生、巫婆、強盜、歹徒、

事物：消滅、破壞、騷動、大禍、大變動、橫禍、死亡、地震、連根拔除、保險業、

強迫、壓制、輕蔑、侮辱、凶惡、邪惡、自發的精力、獨特、極端論著、熱狂主義、暴力、激情、群體的行動力、群衆心理學、殺戮、戰慄、恐怖、嚴酷、恐嚇、無政府主義、虛無主義、深淵、斷層、黑暗、陰鬱、探查、考古學、占卜、預知、難以理解的事物、間諜、偵探、探險、地獄、潛藏的力量、無窮、內心活動、不可思議的力量、再生能力、慾望、魔術、神秘、心靈研究、新的開始、重生、迷惑、魅力、不可解的人和物、堅持、頑固、不移、懷恨、報復心、躲藏、埋伏、暗殺、背叛、綁架、陰謀、反抗、賭博、不名譽、猜忌、非法、掠奪、勒索、以不正當手段謀利、強姦、傷害、毒藥、變態、中傷、無感覺、貧困、腐蝕、腐敗、變質、墮落、惡化、貪污、犯罪、放蕩、私販、罪犯、無賴、淫蕩、獸性、姦情、賤業、放射線、廢物、繼承物、潛意識作用。

個性：凶暴、殘酷、獨裁、專制、執著、冷酷無情、沈默寡言。

場所：火葬場、垃圾焚場、廁所、陰暗潮濕地、地下室、下水道。

身體：肛門、健忘症、殘廢、排泄器官、傳染病、生殖系統、淋病、梅毒、性器官、痔疾、腎臟的下半部、畸形、變形、直腸、身體的恢復能力、自殺、自我毀滅、血毒症。

每顆星的含意絕對不只這些，但是對於日常占卜而言，絕對是足夠的，希望讀者們好好體會，並且觸類旁通，如此就可以應付各種不同議題的占卜了！

第三章　天星卜卦的基本功夫㈢後天人事十二宮

一物一太極，面對求教者，最大的難題在於釐清求教者心中眞正想問的是什麼？在經驗中，許多求教者根本不清楚要問什麼，倘若不能明確的瞭解問題所在，則用神的選取往往會有極大的落差（當然實務上還是有簡捷的方法），因此，「釐清問題」與「選取用神」事實上是天星卜卦的眞正核心所在，以下我們就試著一一來探討。

釐清問題

我們知道天星卜卦盤選取用神，是依照每一問題所在的後天宮位投射在先天宮位（星座）上，然後以該先天宮位的宮主星（ruler）爲問題的主角，也就是所謂的「用神」。因此問題問的越清楚，在選取用神方面就越清晰！

舉例來說：某人想問今年財運如何？

這時候，必須先釐清對方的「財」是從何而來？

如果是公務人員或穩定的上班族，那麼此財應該是正財，用神偏向於第二宮。

如果是經商的生意人，則此財正偏皆有，則第二宮與第八宮都是考慮重點，當然有時還得配合其他宮位！

對方如果是個遊手好閒的賭徒，那麼此財偏向於投機財，重點在第五宮！

所以同樣是求財，不同的人就有不同的用神選取，因此，當你瞭解得越清楚，所選取的問題用神就越精準！

再舉一例：某人問感情好壞？

這時你要幫他釐清幾個重點：

有無交往對象？

有無婚姻關係？

是情人還是配偶？

如果只是情人談戀愛，則重點在第五宮。若是夫妻，則重點在第七宮，當然有時兩宮也要互相參詳，以求較客觀的答案！

筆者早期就曾遇到一位女士問感情，在未向其詢問問題所在，前就以第七宮爲用神，大放厥詞談論她的婚姻如何如何，結果，該女士竟然是要問自己的外遇問題，雖然在她的婚姻問題上論對了，但是沒抓住問題核心還是讓筆者感到羞愧不已！

因此，筆者以過來人的經驗再次強調：釐清問題核心所在眞的很重要！

選取用神後天十二宮

在中國六爻卦中，每一爻都有一個六親代表作爲用神依據。在天星卦盤也有十二個後天宮位可以作爲選取用神的參考，茲分述如下：

第一宮　代表詢問者本人，或是任何占卜當事人的自我，健康，壽命，身體特徵，頭部，外觀，性情，人格，興趣嗜好等。

第二宮　個人財產，資源，所有有價物品，失物，金錢，收入，價值，理財態度。

第三宮　兄弟姊妹，鄰居，通訊，新聞，基本教育，堂兄弟姊妹，表兄弟姊妹，訪客，短程旅途，車輛，道路，學習，著作，文件，信件，老師，郵車，記者，謠言，閒話。

第四宮

父親，家，家庭，家務事，土地，建築物，礦藏，祖先，晚年，長輩，陰陽宅風水等。

第五宮

子女，小孩，創意，自我表現，嗜好，投機，賭博，股票，冒險，令人興奮的事，比賽，享樂，性愛，浪漫情調，懷孕，大使，父親的財產。

第六宮

疾病，部屬，同事，勞動者，單調的工作，複雜的工作，寵物，小動物，傭人，公務員，雇員，服務，姑姑或叔父，每日的工作，食物，衛生，復健，治療物。

第七宮

配偶，重要的對象，競爭對手，敵人，逃跑者，兄弟姊妹的小孩，婚姻，合夥關係，離婚，訴訟（尤指非刑事案件），搬家的目的地，契約合同，公開交易等。

第八宮

死亡，性生活，性慾，外科手術，傷害，變化，再生，他人的財產，心理分析（學），神秘學，滲透，洞察力，追根究底，稅金，負債，抵押，借貸，詢問者的金錢，保險，意志力，遺產，研究調查，潛意識。

第九宮

長途旅行，外國的人事物，姻親，高等教育，授課，演講，信仰，牧師，神職人員，教堂，哲學，人生觀，預言，預測，出版（業），廣播，廣告，職業課程，保險理賠員，航行，法律上正當的儀式，法庭，律師，法律，婚姻，科學，系統化有組織的想法，命理占卜，夢，幻覺，法律訴訟，研究。

第十宮

母親，官方，上級，老闆，政府，組織，事業，專業，統治者，總統，法官，經理，提升，晉升，名聲，地位，成就，公務的，重要工作。

第十一宮

泛指一切朋友，團體，社交，商議，人際關係，立法委員，希望，野心，安逸，慰問，救濟，讚揚，信任，職業收入，權力資源，母親的動產，人道主義，事業上的客戶。

第十二宮

隔絕，毀滅，缺點，收容，限制，監禁，奴隸，犯人，俘虜，害怕，處罰，自我毀滅，集體潛意識，守寡，制度，撤退，秘密事物，秘密交易，詩，麻醉藥，酒精，病人，姨媽或舅父，悲痛，隱藏的危險，失望，自殺，謀殺，慈善，博愛，因果，報應，鬼神。

以上是後天十二宮位人事物的簡單分類，如果再配合「轉盤」的運用，還可代表更多的人事物，對於一般占卜而言，應該是綽綽有餘了。

另外，有時候在實務應用上，也會參考行星的特殊意義來做判斷，例如當判斷婚姻感情問題時，除了第五、七宮及宮主星外，**金星**的吉凶也具有一定的影響力！又如判斷事業或名譽地位時，不單是第十宮及宮主，**太陽**有時也是一個判斷重點，讀者得慢慢從各個行星的特性去瞭解與體會，等到功夫深了，必然可以更上一層樓！

第四章　天星卜卦的占卜規則

任何術數，都有一定的條件與限制，八字、紫微斗數如此，梅花易術與六爻卦也不例外。要進入卜卦占星學的領域，除了要有基本的占星學基礎外，還有一些遊戲規則必須注意，花點心思整理一下，您就可以一窺卜卦占星學的奧秘！

一、體用定位

二、取用神

三、判斷吉凶

茲將三個要點略作說明。

體用定位

任何方式的卜卦，都必須要有明確的目的，套一句行銷界的用語，就是5W1H（WHO、WHAT、WHERE、WHEN、WHY、HOW）。也就是占星學者在接受求教者占卜時，必須先瞭解整個占卜的源由，求教者所提供的線索越多，越有助於卦盤的解釋與判斷。

占星家必須瞭解：

WHO：誰是占卜者或是當事人？

WHAT：要占問何事？

WHERE：何處？

WHEN：何時？

WHY：占卜原因。

HOW：提供判斷與解決之道。

因此，決定體用關係到往後解盤的關鍵重點。舉例來說：

張三想占問求財，主角就是張三，而求財這件事則是附屬在主角之下的配角。依照中國術數的觀念，張三就是體：求財就是用了！

再舉一例！志明想占問與嬌的姻緣好壞。則志明是主體，也就是體：春嬌是配角，也就是用了！

取用神

決定好體用關係後，就要開始找用神了！以張三占問求財為例：用神就是財星，這得以第二宮（財帛宮）與宮主星作為用神。

㈠一般用神定位

第一宮：占卜者（求占者、詢問者）
第二宮：錢財、自己所擁有之物、財產
第三宮：兄弟姊妹、同學、鄰居、旅行
第四宮：家庭、房屋、土地、居家、父母（廣義用法）
第五宮：子女、戀愛、創意、投資、賭博
第六宮：身體健康、奴僕、工作同事、下屬
第七宮：配偶、合夥人、敵人、對方
第八宮：死亡、性愛、偏財
第九宮：出國旅行、研究所以上的進修、宗教信仰
第十宮：官祿、升遷、名聲、事業
第十一宮：朋友、社團活動、人氣
第十二宮：小人、隱私、心靈

㈡用神對應關係

如果將六爻卦的概念帶入，則可以嘗試下列對應

世爻：第一宮

應爻：第七宮

卦身（卦主）：月亮

以六爻的六神對應後天宮位。

世爻：第一宮

應爻：第七宮

妻財：第二宮、第五宮、第七宮、第八宮

兄弟：第三宮、第六宮、第十一宮

官鬼：第十宮、第六宮

父母：第四宮、第十宮

子孫：第五宮

當然還可以有更多的對應用神，讀者可以自行領會！

判斷吉凶

體用神找出後，就必須從星盤所顯示的星性以及刑衝剋合來判斷吉凶。這就是整個卜卦占星學的中心原則，我們盡量以簡單的對應關係來作爲判斷依據，除非你想朝一卦多斷的境界前進，否則簡單明瞭的體用關係應該是您最佳的選擇。

第五章　簡易的運勢卜卦法

任何一種占卜方法，可以很精細的深闢入理，也可以一針見血簡單扼要，但不管是簡單或是精細，要斷的準，則端看占卜者的功力與學養修爲！在東方的占卜裡面，單是易經卜卦就有六爻卦、梅花心易、米卦甚至如鳥卦等的簡易占卜法，其原理同樣源自易經，雖占卜方法不同，卻不影響占卜的準確度。

同樣的，天星卜卦學也有簡易的占卜方法，同樣源自占星學的論斷方式，只是做了一些簡化，但是只要占問者所提出的問題簡單明確，一樣可以很快速而精準的顯示出占卜問題之吉凶，各位讀者不需要去懷疑，記住！「心誠則靈」是任何占卜最高的指導原則！其方法非常簡單，只要瞭解占星學的基本推命規則，任何人都可以使用這一套簡易的推論法！首先，我們先來看一個圖（如附圖）基本上十二個後天宮位就是與我們本身的運勢息息相關，爲了方便說明，姑且將相位簡化成凶相（刑衝相位）及吉相（三合、六合相位），以下我們就以後天十二宮位作爲基礎來分別說明！

十二後天宮位圖

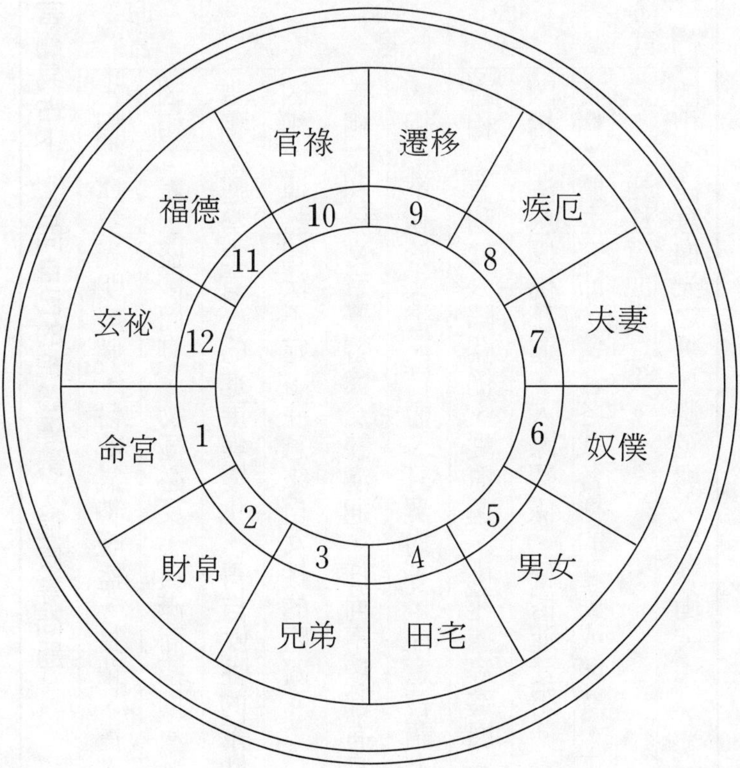

一、命宮簡易占卜：占問自己的總體運勢、健康等問題。

太陽入命宮	吉相：運勢光明燦爛，目前氣勢旺盛，長輩、貴人扶持。
	凶相：表示盛極而衰、物極必反，自滿而招損。
太陰入命宮	吉相：運勢上有好的進展與變化，得自女性的幫助與協助。
	凶相：運勢起伏不定，注意來自女性的阻礙。
水星入命宮	吉相：利於文章學習與交談溝通，任何事項都有良好的溝通管道。
	凶相：不利於文書、結盟、訂契約等，注意言語上的爭吵。
金星入命宮	吉相：有利於人際關係、愛情運、桃花運等進展。
	凶相：注意爛桃花運，人際關係、愛情運受阻。
火星入命宮	吉相：體力充沛，適合各式各樣的運動或競賽，工作運也不錯！但是要注意血光之災。
	凶相：，注意血光之災、避免與人爭執衝突。

木星入命宮	吉相：吉星高照，鴻運當頭。 凶相：注意樂極生悲。
土星入命宮	吉相：非常勞碌，但辛苦有成。 凶相：勞苦困頓、挫折連連。
天王星入命宮	吉相：意外驚喜連連，但須注意橫發橫破。 凶相：意外災難連連，注意意外傷害或血光之災。
海王星入命宮	吉相：神靈庇佑、逢凶化吉，但須注意水厄與詐騙。 凶相：須防偷拐詐騙，鬼神侵害。
冥王星入命宮	吉相：生命轉折，人生重大改變，大難不死必有後福。 凶相：注意凶災及外力侵害。

二、財帛宮簡易占卜：占問自己的財運、求財相關等問題。

太陽入財帛宮	吉相：財運順遂，但須防揮霍無度。
	凶相：先成後破，樂極生悲，揮霍無度、過度浪費。
太陰入財帛宮	吉相：財運上有好的進展與變化，或得自女性之財。
	凶相：財運起伏不定，注意來因爲女性而破財。
水星入財帛宮	吉相：利於構思投資生財計畫，穩定獲利，或文章藝文生財。
	凶相：注意投資失敗而破財，或因口舌破財。
金星入財帛宮	吉相：財運亨通，因爲人際關係、愛情、桃花運而得財。
	凶相：樂極生悲，注意桃花劫財，或因人際關係、異性而破財。
火星入財帛宮	吉相：辛勤工作生財，但是很容易留不住。
	凶相：注意無妄之災、避免與人爭執衝突而破財，另外注意被搶劫。

木星入財帛宮	吉相：吉星高照，鴻運當頭。	凶相：注意樂極生悲，因財生禍。
土星入財帛宮	吉相：非常辛苦勞碌而得財。	凶相：勞苦困頓、挫折連連，財運極差。
天王星入財帛宮	吉相：意外得財，但須注意橫發橫破。	凶相：因爲意外而破財。
海王星入財帛宮	吉相：福至心靈，秘密得財，但須防不法。	凶相：須防偷拐詐騙而破財。
冥王星入財帛宮	吉相：財運重大改變，橫發橫破。	凶相：注意因財產生凶災及外力侵害，破產。

三、兄弟宮簡易占卜：占問自己的學業、考運、學習、文書契約、溝通講話等相關問題。

太陽入兄弟宮	吉相：學業順遂，名列前茅。	凶相：大意失荆州，因大意疏失造成考運不佳或文書問題。
太陰入兄弟宮	吉相：考運、學業上有好的進展與變化。	凶相：因爲情緒問題而影響考運、學習。
水星入兄弟宮	吉相：利於文章學習、訂契約。	凶相：思路不順暢，考運差。
金星入兄弟宮	吉相：人際關係順暢，考運佳。	凶相：或因人際關係不順遂，考運不佳。
火星入兄弟宮	吉相：努力用功、考試有成，注意口舌之災。	凶相：注意口舌之災、避免與人爭執衝突，注意文書契約之災。

木星入兄弟宮	吉相：鴻運當頭、考運佳、人際關係增展。 凶相：注意樂極生悲。
土星入兄弟宮	吉相：考運不佳。 凶相：溝通不良、挫折連連。
天王星入兄弟宮	吉相：意外驚喜，但須注意交通意外。 凶相：注意交通意外、意外文書狀況發生。
海王星入兄弟宮	吉相：文思泉湧，利於創作文藝。 凶相：須防因爲大意疏失造成遺憾，慎防詐騙。
冥王星入兄弟宮	吉相：注意重大交通事故。 凶相：注意重大交通事故，或從口出。

四、田宅宮簡易占卜：占問父母親、房屋、家庭相關等問題。（以下著重在家庭關係之占卜）

太陽入田宅宮	吉相：家運昌隆，光耀門楣。	凶相：家中揮霍無度，樂極生悲，特別注意男性長輩之健康。
太陰入田宅宮	吉相：購屋置地、田產增值，有換屋搬家之傾向。	凶相：家庭失和、田產破敗，注意女性長輩之健康。
水星入田宅宮	吉相：家庭聚會溝通融洽。	凶相：注意家庭紛爭、口角生波。
金星入田宅宮	吉相：家庭和樂融融，家有喜事。	凶相：家庭不和睦、桃花生波折。
火星入田宅宮	吉相：注意家庭紛爭。	凶相：家庭紛爭不斷、注意火災。

木星入田宅宮	吉相：吉星高照，家有喜事。	凶相：注意樂極生悲。
土星入田宅宮	吉相：家庭氣氛不佳。	凶相：災星臨門、家中老小貧病連連。
天王星入田宅宮	吉相：家有意外之喜，但也須注意意外之災。	凶相：慎防家中意外事故、父母仳離。
海王星入田宅宮	吉相：祖宗庇蔭、鬼神暗助、家運平順。	凶相：風水不佳、破耗連連。
冥王星入田宅宮	吉相：慎防家中意外、破敗。	凶相：有喪服之慟。

五、男女宮簡易占卜：占問戀愛、感情、桃花、子女、投資、賭博求財相關等問題。（以下著重於戀愛與投資之占卜，其他請自行類化）

太陽入男女宮	吉相：投資獲利、財運順遂、愛情得意。
	凶相：先成後破，血本無歸。因爲傲慢自負而造成感情問題。
太陰入男女宮	吉相：投資上有好的進展與變化。男性有桃花，愛情得意。
	凶相：投資失誤，注意來因爲女性而破財，因色惹禍。
水星入男女宮	吉相：利於構思投資計畫，感情有進展。
	凶相：注意投資失敗而破財，感情因口舌生災。
金星入男女宮	吉相：財運亨通，投資獲利。愛情得意、走桃花運。
	凶相：樂極生悲，注意桃花劫財，因異性而破財。
火星入男女宮	吉相：不利投資。女性有桃花，但容易留不住。
	凶相：投資破財，因感情生災。女性防產厄，子女有災。

木星入男女宮	吉相	投資鴻運當頭，感情春風得意，女性有得子之兆。
	凶相	注意樂極生悲而血本無歸。注意感情糾紛、桃花惹禍。
土星入男女宮	吉相	不利投資。女性防流產。
	凶相	財運極差不利投資，防子女病痛，感情挫折連連。
天王星入男女宮	吉相	投資意外得財，須注意橫發橫破，一夜情之豔遇。
	凶相	意外破財，子女有災，桃花情劫。
海王星入男女宮	吉相	福至心靈，投資得財，感情須防不軌。
	凶相	外遇、感情走私，感情被騙而破財。
冥王星入男女宮	吉相	投資橫發橫破，子女有災，感情不順。
	凶相	投資破敗、破產、情殺，或因感情造成傷害。女性防子女有災！

六、奴僕宮簡易占卜：占問自己的工作運與健康運相關等問題。

太陽入奴僕宮	吉相：工作順遂，表現良好，但須防體力過度透支。	凶相：工作表現不佳、體力不佳、健康出問題。
太陰入奴僕宮	吉相：工作職務有有好的變化或調動，或得自女性之協助。	凶相：工作被調動，情緒不佳導致健康問題。
水星入奴僕宮	吉相：利於構思工作計畫，職務調整。	凶相：工作不利於變動，注意因用腦過度或呼吸方面病變。
金星入奴僕宮	吉相：工作運亨通，貴人扶持。	凶相：工作不順遂，注意因人際關係、異性而導致工作不順。
火星入奴僕宮	吉相：勞力工作，體力付出較多，注意工作意外。	凶相：注意工作傷害、避免與人爭執衝突，容易發燒感冒。

木星入奴僕宮	吉相：吉星高照、鴻運當頭、工作順利。
	凶相：須防樂極生悲，健康過度自信樂觀、體力透支而致病。
土星入奴僕宮	吉相：工作非常辛苦勞碌，壓力增加，健康走下坡。
	凶相：挫折連連，健康運極差，可能有慢性疾病。
天王星入奴僕宮	吉相：工作意外收穫，但須注意工作上之意外傷害。
	凶相：注意工作意外傷害。
海王星入奴僕宮	吉相：工作效率不佳，打混摸魚。
	凶相：對工作喪失熱誠，健康慢慢走下坡。
冥王星入奴僕宮	吉相：工作上有重大改變，職務調整，健康出現問題。
	凶相：工作喪失、離職，重大健康問題。

七、夫妻宮簡易占卜：占問自己的配偶運勢、婚姻關係、合夥關係等問題。

太陽入夫妻宮	吉相：配偶運勢光明燦爛，目前氣勢旺盛，長輩、貴人扶持。
	凶相：表示配偶運勢盛極而衰、自滿而招損，婚姻蒙上陰影。
太陰入夫妻宮	吉相：配偶運勢上有好的進展，男性有婚姻之喜。
	凶相：配偶運勢起伏不定，因情緒問題夫妻吵架。
水星入夫妻宮	吉相：利於合夥、夫妻之間溝通，配偶年紀比自己小。
	凶相：夫妻口角、溝通不良，注意言語上的爭吵。
金星入夫妻宮	吉相：夫妻感情融洽、愛情甜蜜，男性有紅鸞星動。
	凶相：夫妻感情不和，人際關係受阻。
火星入夫妻宮	吉相：夫妻爭吵，拳腳相向，注意配偶血光之災。
	凶相：注意配偶血光之災、避免與人爭執衝突。夫妻嚴重衝突。

木星入夫妻宮	吉相：吉星高照、鴻運當頭、紅鸞星動，夫妻感情順遂。
	凶相：注意樂極生悲，注意合夥關係生變。
土星入夫妻宮	吉相：婚姻、感情不佳，配偶年紀大，或配偶病痛。
	凶相：婚姻感情挫折連連，配偶病痛。
天王星入夫妻宮	吉相：婚姻感情意外驚喜，但須注意婚姻破裂。
	凶相：離婚，感情破裂。注意配偶意外傷害或血光之災。
海王星入夫妻宮	吉相：感情和諧，但須婚姻或感情上之欺騙。
	凶相：第三者介入，外遇，婚姻不忠。
冥王星入夫妻宮	吉相：婚姻破裂，人生重大改變。
	凶相：婚姻破裂，注意配偶生離死別。

八、疾厄宮簡易占卜：占問個人死亡、遺產或配偶財運等問題，比較偏重於偏財運方面，與財帛宮相互參看。

太陽入疾厄宮	吉相：偏財運佳遂，但須防揮霍無度、過度浪費。
	凶相：先成後破，樂極生悲，揮霍無度、過度浪費。
太陰入疾厄宮	吉相：偏財運佳，或得自女性、房地產或家族財產。
	凶相：財運起伏不定，注意來因爲女性而破財。
水星入疾厄宮	吉相：計畫獲利，經商致富。
	凶相：注意投資失敗而破財。
金星入疾厄宮	吉相：財運亨通。因愛情、桃花運而得財。
	凶相：樂極生悲。注意桃花劫財，或因異性而破財。
火星入疾厄宮	吉相：偏財運不佳，財來財去留不住。注意意外災難。
	凶相：注意意外災難、因財被劫、財多生是非。

木星入疾厄宮	吉相：吉星高照、鴻運當頭。有偏財運。
	凶相：注意樂極生悲，因財生禍。
土星入疾厄宮	吉相：財運差，注意慢性疾病加重。
	凶相：貧病交迫、厄運連連。
天王星入疾厄宮	吉相：意外得財橫發橫破，注意意外之災。
	凶相：意外破財，意外災難。
海王星入疾厄宮	吉相：福至心靈，直覺力強，得鬼神之助。
	凶相：須防偷拐詐騙而破財。
冥王星入疾厄宮	吉相：財運重大改變，橫發橫破。
	凶相：破產、財殺、情殺。

九、遷移宮簡易占卜：占問自己的旅行運、高等考試運等問題。

太陽入遷移宮	吉相：旅程順暢，得長輩、貴人扶持。
	凶相：旅途遭遇到不名譽之事件。注意避免得罪當地權貴。
太陰入遷移宮	吉相：旅程上有好收穫，有搬家移民之傾向。
	凶相：旅程運勢不佳或受阻，注意來自女性的阻礙。
水星入遷移宮	吉相：利於遠行旅遊。
	凶相：不利遠行，注意交通方面的事故。
金星入遷移宮	吉相：旅途愉快，易有異國戀情運進展。
	凶相：旅途須注意爛桃花運。
火星入遷移宮	吉相：注意旅行有衝突，並注意血光之災。
	凶相：注意血光之災、旅程中避免與人爭執衝突。

木星入遷移宮	吉相：吉星高照，旅行平安順遂。	凶相：注意樂極生悲，旅途多揮霍浪費。
土星入遷移宮	吉相：旅程受阻或不愉快。	凶相：行程可能受阻、挫折連連。
天王星入遷移宮	吉相：旅行有驚奇之遇，但須注意意外之災。	凶相：注意旅程意外災難，慎防意外傷害或血光之災。
海王星入遷移宮	吉相：旅程平安、逢凶化吉，但須注意水厄與詐騙！	凶相：旅程須防偷拐詐騙，鬼神侵害。
冥王星入遷移宮	吉相：人生重大改變，旅行有重大奇遇。	凶相：不利遠行，注意凶災及外力侵害。

十、官祿宮簡易占卜：占問自己的事業、升遷運勢等問題，有時候與奴僕宮合看工作運。

太陽入官祿宮	吉相：官運隆盛、光明燦爛，得長輩、貴人提拔扶持。
	凶相：名譽、形象、事業受損。
太陰入官祿宮	吉相：官運上有好的升遷，得自女性的幫助與協助。
	凶相：事業運勢起伏不定，注意來自女性的阻礙。
水星入官祿宮	吉相：利於事業規劃與推展，合夥事業進展。
	凶相：不利於結盟、合夥訂契約等，事業計畫生變。
金星入官祿宮	吉相：事業順利、人際關係有良好進展，有利於事業推廣。
	凶相：事業、人際關係受阻。
火星入官祿宮	吉相：事業運不順，注意事業與家庭之衝突，或得罪上司權貴。
	凶相：事業破敗、與人爭執衝突導致事業失敗。

木星入官祿宮	吉相：吉星高照，鴻運當頭，升官發財。
	凶相：樂極生悲，煮熟的鴨子飛了。
土星入官祿宮	吉相：事業非常辛苦勞碌，但辛苦有成，壓力大。
	凶相：事業挫折連連，事業失敗。
天王星入官祿宮	吉相：事業意外驚喜連連，但須注意橫發橫破。
	凶相：事業遭逢意外破敗。
海王星入官祿宮	吉相：事業外美內虛，打混摸魚。注意同業詐欺。
	凶相：事業須防偷拐詐騙，鬼神侵害，或是名譽受損。
冥王星入官祿宮	吉相：事業破敗，人生重大改變，東山再起。
	凶相：事業徹底毀滅破敗。

十一、福德宮簡易占卜：占問自己的社團運作、人際關係等問題。

太陽入福德宮	吉相：人際關係光明燦爛，人氣旺盛。長輩、貴人扶持。
	凶相：自滿而招損。剛愎自負而導致人際關係受損。
太陰入福德宮	吉相：人際關係有好的進展與變化，得自女性或家族的助力。
	凶相：因情緒而影響人際關係，注意來自女性的阻礙。
水星入福德宮	吉相：利於藝文社團運作，人際溝通順暢。
	凶相：不利於人際關係推展，注意言語上的爭吵。
金星入福德宮	吉相：利於人際關係之推展，到處受人歡迎。
	凶相：注意人際關係受阻。不受人歡迎。
火星入福德宮	吉相：不利於人際關係推展，與人意見衝突。
	凶相：避免與人爭執衝突，人際關係嚴重衝突。

木星入福德宮	吉相：鴻運當頭，可能受到衆人的敬仰與歡迎。
	凶相：人際關係應酬多，注意樂極生悲。
土星入福德宮	吉相：人際關係不佳，人緣差。
	凶相：人緣極差、到處碰壁。
天王星入福德宮	吉相：相識滿天下，知己無一人。獨來獨往、與人寡合。
	凶相：人際關係不好、標新立異、與人寡合。
海王星入福德宮	吉相：適合參加宗教團體運作、修行、修道等。
	凶相：須防被人倫拐詐騙，犯小人。
冥王星入福德宮	吉相：不利於人際關係推展。
	凶相：人緣差！注意被人陷害或侵害。

十二、玄秘宮簡易占卜：占問自己心理狀況、因果報應、鬼神侵害等問題。

太陽入玄秘宮	吉相：適合自省、尋找內在心靈成長。
	凶相：心理不健康，心神過度消耗。
太陰入玄秘宮	吉相：心情愉快，得自祖先神靈的庇佑與協助。
	凶相：心神不靈、運勢起伏不定，鬼魅暗害。
水星入玄秘宮	吉相：利於宗教學習修行，靈修、打坐等。
	凶相：心神不定，自尋煩惱。
金星入玄秘宮	吉相：心神寧靜、有利於參禪打坐與修行。
	凶相：心中愛慾難捨、不利於修行。有外遇走私之傾向。
火星入玄秘宮	吉相：心情無法平復，愛恨交錯。注意血光之災。
	凶相：報應來臨，鬼神侵害，意外凶死，自殺。

木星入玄秘宮	吉相：心情愉快，祖先或鬼神保佑。
	凶相：不敬鬼神，樂極生悲。
土星入玄秘宮	吉相：心情鬱悶，心胸狹隘，鬼神暗害。
	凶相：鬼神暗害、事事不順、挫折連連。
天王星入玄秘宮	吉相：意外驚奇，但須注意意外之災。
	凶相：注意意外災難或血光之災。
海王星入玄秘宮	吉相：祖先神靈庇佑、逢凶化吉，注意水厄、船難。
	凶相：鬼神暗害、惡夢連連、心神恍惚、自我麻醉。
冥王星入玄秘宮	吉相：憂鬱症、自閉症，心胸不開闊。
	凶相：想不開、自虐、自我毀滅或自殺。

以上的占卜方法，雖說簡單，但是常有意外驚人之準，讀者不宜小覷，等慢慢熟悉天星卜卦的操作後配合相位論斷，當可再更上一層樓。當然，先決條件還是要多加練習，方能達到盡善盡美之境界。

第六章　傳統解盤的限制

在國外傳統的卜卦占星學裡常會有下列的解盤限制，並警告占星師面對此限制時，不要輕易解盤，以免造成不必要的困擾！可能是占問盤中無法得到答案或是問占者或解占者發生錯誤，因而得不到眞正想要的答案！

1. 當 Ascedant 落在星座的前三度之內：

表示問題問的太早了，有些事還沒出現，因此難以獲得答案！

2. 當 Ascedant 落在星座的後三度之內：

表示問題問的太晚了，已經無能為力了！

3. 土星落入第七宮（為人解占時）或第一宮（自己解占時）：

因土星代表限制，入一宮時，表示解占者會出錯（自己問卜時，第一宮代表自己）。為人解占時，第七宮代表解占者，表示解占者可能出現麻煩（如排錯盤之類），因而無法得到答案。

4. 月入空亡（Void of Course,voc, 虛無）：

空亡意指月亮與某行星成準確（exact）主相位交角後，一直到離開該星座前，都沒有再與任何星有主相位的交角。月入空亡，意指問卜者無法對該問題施力，或者可能沒啥事情會發生，因此也不用擔憂。

5.月入 Via Combusta（天秤15度～天蠍15度）

Via Combusta 是古人認為黃道帶上的邪惡區（帶有火星及土星的 malefic 味道，現代加上天王星），因古時許多凶恆星（fixed star）位在這個區域。但現代占星家多半認為可以不用考慮。

說眞的，這些西方命理的繁文縟節實在不適合東方命學的哲學觀，從實證的角度，筆者認爲很多的限制是不必要的，在上述的第一、二點限制，命度在每宮（星座）的前後三度都暗示問題問的太早或太晚，筆者只有幾個案例勉強可算是，其他的限制從中國命理的觸機角度而言，實在是多餘且沒有必要的！

其中第三點更是荒謬！倘若某人花錢來找你占卜，排出星盤後發現土星正好落入第七宮，如果你告訴客人說：對不起，我現在不能爲你解卦，因爲土星落入星盤第七宮，可能會解錯卦！我想你這個命理師（占星師）大概從此就不用混了！所以，只要依盤直解，根本不須理會這一條限制！

第四點限制提到空亡問題，但是筆者在占卜實務上，因爲一物一太極的用神定位觀念，實在沒啥感受！雖然在六爻卦也有空亡問題，不過讀者也不必太過在意，筆者用一個最簡單的方式說明，就不難體會了！就是卦主月亮在命盤中跟其他星沒有任何的相位關係，此時月亮處於無法施力之時，影響力無法明顯看出，吉凶自然就難以判斷了！至於第五點限制，筆者認爲根本是無稽之談，不必理會！

另外，在國外有一些類似中國命理神煞的（Fix Star），會加強吉凶的象徵，如：

Serpentis 19°天蠍 凶　　Caput Algol 26°01'金牛 凶

Spica 23°42'天秤 吉　　Alcyone of the Pleiades 29°51'金牛 凶

Regulus 29°41'獅子 吉

（以上爲1990年的度數）

筆者個人認爲天星卜卦和中國的命理沒啥差別，神煞固然可以提供更多的判斷資訊，但不宜過度仰賴，筆者在判斷八字命理時，從不考慮神煞問題，完全依照五行生剋制化作爲判斷的主軸，在天星卜卦也是如此，倘若讀者有興趣，不妨自行購買國外書籍研習！

第七章　轉盤大法—用神定位的祕密武器

學過六爻卦的人可能會對尋找用神感受很深，有些時候爲了定位用神往往要傷透腦筋！在卜卦占星學裡，單純的十二宮位有時候也很難滿足變化快速的社會型態與問題，有時候爲了定位一個用神宮位也要搔掉幾根白髮，這個時候轉盤的應用就非常簡單而重要了！

什麼是「轉盤」？其實說穿了也沒什麼，會用紫微斗數的人一定都聽過「宮位轉換大法」，這個「轉盤」就跟紫微斗數的「宮位轉換大法」一模一樣！簡單的說，就是將你要問事的主角當第一宮，整個後天宮爲隨之而轉。也許初學者不容易瞭解，我們就來舉一個例子：如果一個人來求占，他哥哥的小孩運勢。這時候必須將他的第三宮當主角（哥哥），將第三宮當成第一宮後，找到第三宮之第五宮（子女），也就是卜卦盤的第七宮，這時候第七宮就代表哥哥的子女宮位。

再舉一個例子：某人欲問妻子的哥哥健康。妻子的宮位爲第七宮，將第七宮定位成第一宮後，找到其第三宮（哥哥），也就是卜卦盤中的第九宮！

懂得「轉盤大法」後，學者就可以不必耗費心力去背每一個宮位的代表意義、關鍵字，因爲透過「轉盤大法」可以將十二宮位化爲成千上萬的意義與用神，您就不必擔心找不到可以用神的宮位了！

爲了讓讀者們可以對「轉盤大法」更加熟悉，我特別將十二宮位的轉盤定位選擇全數公開於此，讀者應該可以從這些資料去體驗轉盤大法之奧妙！特別注意一點，並非所有的宮位轉盤都有一定的意義，故對於一些無意義的轉盤筆者就不再贅述了！讀者只要選擇自己所要觀察的宮位與用神即可。

以下就是十二後天宮宮位之轉盤解說：

第一宮（命宮）

第一宮，俗稱命宮。命宮者，人生命運之根基也。命宮有如人之身體、生命與靈魂之中樞，所有的後天人事十二宮皆根由於命宮，沒有命宮，則其他宮位皆無討論之意義。就好像人沒有生命，一切妻子財祿皆屬妄談。茲分述如下：

★凡一切代表詢問者本人或是任何占卜之當事人。

★自我主體意識，個人健康，壽命等。

★占卜者的身體特徵，身體，頭，外觀，性情，人格，個人與趣嗜好等。

命宮爲：

★玄秘宮之第二宮→秘密敵人之財務，心理想法之執行者—我。

★福德宮之第三宮→社團、朋友之兄弟姊妹或是其交通運。

★官祿宮之第四宮→事業成就的根基，當然就是個人身體的健康。

★遷移宮之第五宮→國外旅遊、外地工作之桃花運、賭博運。

★疾厄宮之第六宮→死亡的主體：就是個人的肉體。

★夫妻宮之第七宮→配偶的配偶，當然就是我。配偶眼中的我。

★奴僕宮之第八宮→下屬、公司同事之死亡或偏財運、性生活。

★男女宮之第九宮→子女之旅行運、高等教育、宗教信仰等。

★田宅宮之第十宮→父母親之父母，即祖父母或外祖父母（男女不同）。

★兄弟宮之第十一宮→兄弟姊妹之社交活動、朋友、社團。

★財帛宮之第十二宮→個人財產的意外損失、災難。

第二宮（財帛宮）

第二宮，俗稱財帛宮。財帛者，養命之源也。世人莫不以財帛為福，然而此處之財乃是靠自己勞力付出所賺得之財，故曰正財。茲分述如下：

★凡一切與金錢有關之事物，如財產、寶物及一切經營之金融、投資、債券、股票……等。

★個人賺錢的能力、收支、薪資及用錢的態度。

★人之慾望、最高的願望。

★愛好、嗜好、興趣、佔有、擁有之感覺。

★感情、幸運。

★頸骨、頭蓋骨、喉嚨、氣管、聲帶、耳朵。

財帛宮為：

★玄秘宮之第三宮→內在想法。

★福德宮之第四宮→財帛為福德之根本。

★官祿宮之第五宮→財帛為事業成就所生。

★遷移宮之第六宮→看長途旅行之健康運。

★疾厄宮之第七宮→財帛宮與疾厄宮為一體兩面。

★夫妻宮之第八宮↓配偶、伙伴之偏財，或因嫁娶所得之財。

★奴僕宮之第九宮↓外地工作或出國工作運。

★男女宮之第十宮↓子女之事業、成就。

★田宅宮之第十一宮↓田宅為父母之宮，故可看父母之福份、財源以及將來家庭之美滿。

★兄弟宮之第十二宮↓思想觀念之黑暗一面。

第三宮（兄弟宮）

第三宮，俗稱兄弟宮。兄弟者，個人之手足同胞也。狹義可指兄弟姊妹，堂兄弟姊妹與自己有血緣關係之同輩，廣義則泛指一切鄰居、同學、朋友等。茲分述如下：

★泛指一切之消息、通訊交流、文件、文書、契約、信件、新聞等。

★學習有關之基本教育，學習，著作等。

★短程旅途，國內旅遊、及相關汽機車、大衆運輸工具、道路。

★老師、同學、記者、一切同輩之親友。

★謠言，閒話、八卦。

★身體之手臂、呼吸系統、肺部、哮喘等。

兄弟宮為：

★財帛宮之第二宮→財帛之財帛，套句企業用語：企業的收入關鍵在人脈。

★玄秘宮之第四宮→秘密敵人、小人之家族、房地產。

★福德宮之第五宮→社交朋友之戀愛、桃花運或子女。

★官祿宮之第六宮→父母親之健康運。事業之缺點弱點所在。

★遷移宮之第七宮→工作升遷之競爭者、敵手、對手。

★疾厄宮之第八宮→偏財之偏財，亦即資金之往來與流通。

★夫妻宮之第九宮→配偶之國外旅行、高等教育、宗教信仰等。

★奴僕宮之第十宮→下屬、同事之父母、事業成就、社會地位。

★男女宮之第十一宮→子女之人際關係、社團活動。

★田宅宮之第十二宮→父母親之暗敵、小人。田宅不動產之意外損失。

第四宮（田宅宮）

第四宮（田宅宮）第四宮，俗稱田宅宮。田宅者，人之根也。蓋為人之所出，故又像父母之所而同日月也。茲分述如下：

★出生之所在地、家庭環境、晚年所在之環境。

★父親（男日生、女夜生），母親（男夜生、女日生）、長輩、老人。

★財產之聚積、不動產、個人繼承傾向。

★情緒、鄉愁、私見、對環境之安全感、個人之秘密、私生活、心情、感受性。

★競爭者、對手。

★生命之起點與終點、生活之目的、地位。

★權威、愛國、本土文化、懷舊、念舊。

★對死亡的態度（與第八宮合參）。

★胃、胸部、乳房、消化器官、子宮。

★土地（代理人）、墳墓、農田、礦，舉凡一切與土地有關之人、事、物。

★地震、礦災。

田宅宮為：

★兄弟宮之第二宮　↓　兄弟之財、思考觀念所致之財、交通之財。

★財帛宮之第三宮　↓　財務之交流、交易。

★玄秘宮之第五宮↓暗地裡的男女關係、意淫。
★福德宮之第六宮↓社運之成敗點。
★官祿宮之第七宮↓家庭與事業同為一體兩面。
★遷移宮之第八宮↓出國旅遊之意外災難。
★疾厄宮之第九宮↓國外之金錢流動交易。
★夫妻宮之第十宮↓岳父母、配偶之事業。
★奴僕宮之第十一宮↓工作場合之人際關係、社團活動，身體疾病之根（與遺傳有關）。
★男女宮之第十二宮↓投機、投資之損失，男女戀愛之暗敵，秘密戀情。

第五宮（男女宮）

第五宮（男女宮）第五宮，俗稱男女宮或子女宮。古人云：飲食男女，人之大欲。男女之間的情愛是天經地義的人性表現，從男女之愛衍生出夫妻關係，進而繁衍出下一代，都是出自天性。故男女宮除了可以看男女之戀愛、感情外，亦可以觀察子女的運勢。茲分述如下：

★子女、小孩、晚輩、男女朋友。
★男女戀愛、性愛關係、浪漫的戀情、羅曼蒂克等。
★戀愛是一件令人愉快的事，從而衍伸出一切吃喝玩樂、享樂、娛樂事物。
★股票投資、金融投資、投機性的炒作與投資。
★冒險、運動比賽、博奕、賭博、打賭。
★創意、藝術才華、表演、興趣、嗜好等。
★心臟、脊椎、胸腔部位。

男女宮為：

★田宅宮之第二宮 → 父母親之財產、收入（從這裡應該可以體會為什麼父母親總是疼愛自己的孫子）。
★兄弟宮之第三宮 → 兄弟之兄弟、交通運。
★財帛宮之第四宮 → 錢財之根基，創意創造財富。
★玄秘宮之第六宮 → 內心、心理之弱點。
★福德宮之第七宮 → 朋友之配偶、敵人、競爭對手。
★官祿宮之第八宮 → 事業之偏財宮，同樣是創意創造財富。

★遷移宮之第九宮↓宗教人員之出國旅遊（意義不大）。

★疾厄宮之第十宮↓偏財之事業，亦即生財之管道。用現代觀點就是創意創造財富。

★夫妻宮之第十一宮↓配偶之社交活動與朋友。

★奴僕宮之第十二宮↓下屬、同事之秘密敵人與小人。

第六宮（奴僕宮）

第六宮，俗稱奴僕宮。顧名思義即是供自己差使的僕人，現代意義可以衍生成自己公司的下屬、部屬等。另外因為古時候奴僕乃是付出勞力換取酬勞，當然可以在衍生出個人的工作、勞動事物。此外又可以代表身體的健康、生理疾病等。茲分述如下：

★下屬、部屬、雇員、秘書、工人、工友、公司同事、公務人員。

★工作能力、勞動服務、勞務付出。

★個人衛生習慣、保健常識、養生、健康、生理方面的疾病。

★公務、勞務、繁雜的事物。

★家中飼養的寵物、小動物。

★下腹部、消化系統、小腸、太陽神經叢。

奴僕宮爲：

★男女宮之第二宮　↓　子女之財產、收入。

★田宅宮之第三宮　↓　父母親之兄弟、交通運。

★兄弟宮之第四宮　↓　兄弟姊妹之家庭、房地產。

★財帛宮之第五宮　↓　財之子女，意即好的部屬是生財的財源。

★玄秘宮之第七宮　↓　身體疾病與心理疾病是一體二面的交互影響。

★福德宮之第八宮　↓　社交朋友之死亡、災厄、偏財運。

★官祿宮之第九宮　↓　父母親之宗教運、旅行運。

★遷移宮之第十宮　↓　事業之升遷當然取決於個人的工作表現。

★疾厄宮之第十一宮　↓　偏財之福德，意即好的部屬是生財的財源。

★夫妻宮之第十二宮　↓　配偶之秘密敵人與小人。

第七宮（夫妻宮）

第七宮，俗稱夫妻宮，此宮與配偶有關。古人以夫妻和合為人倫之根基，故觀人之婚姻需看此宮之吉凶，並配合命宮、命主合參。夫妻雖說是一體，但也確實是二個獨立的個體，就一個家庭的組成來說，夫妻之間意見很容易衝突與對立，角色有各有不同。因此，夫妻宮除了觀察配偶、婚姻之吉凶外，還可以比喻意見不同的人、對手、競爭對手，甚至還可以是敵人。另外也可以衍生為事業合夥人、親密的合夥人。茲分述如下：

★夫妻、配偶、愛人、親密伴侶、合夥人、競爭對手、敵人。

★明星、模特兒、外交人員、司法、時尚流行、設計師。

★婚姻關係、合夥關係、契約關係。法律約定之關係。

★人際關係、人緣、外交、法律訴訟等。

★腎臟，臀部，腰背部。

夫妻宮為：

★奴僕宮之第二宮↓員工下屬之錢財、財產。

★男女宮之第三宮↓子女之教育學習、交通運。

★田宅宮之第四宮↓父母之父母即祖父母。另外也代表父母之房地產。

★兄弟宮之第五宮↓兄弟姊妹之子女、愛情、性、娛樂休閒。
★財帛宮之第六宮↓財運之缺點與缺陷。
★玄秘宮之第八宮↓秘密敵人之死亡、偏財（意義不大）。
★福德宮之第九宮↓朋友之靈魂、鬼神以及神秘之事物與旅行運。
★官祿宮之第十宮↓事業成就之社會評價、祖父母。
★遷移宮之第十一宮↓國外之朋友。
★疾厄宮之第十二宮↓錢財之秘密敵人，意即暗中奪取錢財之人及競爭者。

第八宮（疾厄宮）

第八宮，俗稱疾厄宮，古稱「八殺宮」，又稱「難宮」。顧名思義此宮與人之災厄、意外有關，故觀人之災厄需看此宮吉凶，並配合命宮、命主等合參。疾厄宮為死亡之宮，其表示一個人對於死亡的態度及看法，通常也表示與「死」有關之事物，如奠禮、殯儀館、墳墓等。茲分述如下：

★死亡後所留下的財產、遺產之繼承。
★流動之財、大家所共有的錢財、在外流動的資金、投資獲利所得…等統稱為

「偏財」。另外也包括收入、稅收、小費、出納等。

★玄學、靈魂學、再生以及學習神秘之天賦。

★自殺、外科手術。

★性能力、性器、性病以及和性有關之事物。

★肌肉、膀胱、便器、直腸、生殖器、排泄器官、痔瘡。

疾厄宮為：

★夫妻宮之第二宮↓配偶或重要伙伴之財。

★奴僕宮之第三宮↓同事之親戚、生理疾病之變化（兄弟表交易、變化），通常為致命之疾病。

★男女宮之第四宮↓性能力、戀愛之來源、投機和賭博運之好壞。

★田宅宮之第五宮↓父母之性、娛樂休閒。

★兄弟宮之第六宮↓兄弟姊妹之工作運和健康運。

★財帛宮之第七宮↓即財帛之相對位置。

★玄秘宮之第九宮↓靈魂、鬼神以及神秘之事物。

★福德宮之第十宮↓福德為財帛之源，財帛為福德之本。

★官祿宮之第十一宮↓事業、成就之源（有錢流動才有事業）。

第九宮（遷移宮）

第九宮，俗稱遷移宮。遷移者升遷、變動也。主長程旅行和國外之事。茲分述如下：

★國際性之商業貿易、國外移民、國外旅遊、國際約定，舉凡與國外有關之事物。

★船運、長程運輸、長程交通、運輸業、進出口。

★宗教信仰、牧師、教會、僧尼、神學家、靈媒、預言家、迷信、祭禮、典禮儀式、慈善機構。

★飛行員、空中小姐、教師、律師、講師、司法官、大使、海軍、專欄作家、顧問、代理人、陪審團、廣告。

★哲學、形上學、深層心理學、專門性之科學、高層研究機關、傳播、精神上超脫世俗的、高尚道德情操、直覺。

★深層思考、冥想、夢想、祈禱、人生之展望、來生。

★肝臟、坐骨神經、大腿、股關節之毛病。

遷移宮爲：

★夫妻宮之第三宮↓可看姻親及配偶之思想與溝通。

★奴僕宮之第四宮和玄秘宮之第十宮↓可看生理及心理疾病之根源。

★男女宮之第五宮↓可看孫子。

★田宅宮之第六宮與官祿宮之第十二宮↓父母之生理與心理狀況、事業上之暗中敵人。

★財帛宮之第八宮與疾厄宮之第二宮↓可看對錢財之重視程度及財務危機。

第十宮（官祿宮）

第十宮，俗稱官祿宮。官祿者，事業成宮之表徵，故官祿宮可以看個人的事業、工作、職業生涯以及升遷等。茲分述如下：

★成就、名望、榮譽、地位、權力、威信、受歡迎。

★管理行政能力、老闆、上司、政府、政治。

★野心、大志、目標、道德標準、高傲、自負。

★總統、主席、君王、校長、專家、專業。

★父親（男夜生、女日生），母親（男日生、女夜生）。

官祿宮爲：

★遷移宮之第二宮↓由宗教或旅行所得之財。法律或訴訟所得之財。

★疾厄宮之第三宮↓財物之流通與交易。

★夫妻宮之第四宮↓夫妻之雙親。夫妻關係好壞之所由。

★奴僕宮之第五宮↓公司同事之感情戀愛。

★男女宮之第六宮↓子女之健康運與工作運。投資運之好壞。

★田宅宮之第七宮↓父母親之配偶。

★兄弟宮之第八宮↓兄弟姊妹之偏財。交通意外。

★財帛宮之第九宮↓財物流動。

★玄秘宮之第十一宮↓宗教社團、朋友。

★福德宮之第十二宮↓財源之暗害（看不到的破壞因素）。

第十一宮（福德宮）

第十一宮，古稱福德宮。顧名思義，即為一個人一生的福德所在，單就命盤，有時候很難看出福德宮的奧妙，唯有透過轉盤才能得知「福德」之所在與奧妙。茲分述如下：

★與社團、社交活動關之人事物，社交禮儀、團體等。
★弱勢團體、人道關懷團體、在野黨、反對黨、反權威者。
★科學家，設計師，船空業，社工，民主鬥士，俠客。
★社會上的朋友（泛泛之交）、同事、工會會友等。
★心臟（靜脈），腳踝，循環系統。

福德宮爲：

★官祿宮之第二宮與田宅宮之第八宮→即父母的財產。也就是祖產。
★遷移宮之第三宮→國外旅遊、求學之交通運與考試運。
★疾厄宮之第四宮與財帛宮之第十宮→換句話說，就是錢財的父母，也就是財源。
★夫妻宮之第五宮→可推算配偶之賭運與投資運還有外遇。
★奴僕宮之第六宮→可推算同事之生理疾病。

★男女宮之第七宮→子女之配偶、敵人、合夥關係。

★兄弟宮之第九宮→兄弟姊之升遷與旅行運。

第十二宮（玄秘宮）

第十二宮，古稱相貌宮，今多稱為玄秘宮。泛指一切靈異、玄奇、第六感、直覺、超心理學、宗教等，包含衆多。茲分述如下：

★與心理疾病有關，如精神狀況、情緒好壞、內心痛苦、孤獨、悲傷、憂鬱症等，泛指一切內心世界。

★宗教信仰、通靈、修道（院）、因緣、宿命、冥想、第六感、陰宅、、等，泛指一切鬼神之事與纏身。

★欺騙、詐欺、謊言、陰謀、暗殺、走私、貪污、偷竊、被判、毀約、恐嚇、勒索、賄賂等黑暗一面。

★監獄、療養院、感化院、修道院、隱居、隱盾、僧尼、逃亡、逃避、拘留、下獄、精神病院、來世。

★秘密組織、黑社會、慈善機構。

★麻醉藥、毒藥、鴉片、瘟疫、自殺、自殘、不幸、災難、擔心、貧困、迫害。

★大海、水。

玄秘宮為：

★福德宮之第二宮與男女宮之第八宮↓表示對於人際關係之重視以及子女之死亡或性方面之享受。

★官祿宮之第三宮與田宅宮之第九宮↓第三宮表兄弟、交易、交流；第九宮表變遷、長程旅行、國外事物，故可推知事之往來、副業、移民、國外之田產等。

★及厄宮之第五宮與財帛宮之第一宮↓可推算財物之增值能力、生產力和投資等。

★夫妻宮之第六宮↓可推算配偶之工作與健康。

★奴僕宮之第七宮↓可推算生理疾病的表裡關係。

第八章　相位詮釋

「相位」在占星學中是非常重要的關鍵元素，如果說在占星學裡面，重要的組合元素包括：**先天宮位（星座）、後天宮位、行星**。那麼行星與行星之間的相位，就是將星盤立體化的關鍵，透過相位的連接，使星盤變的更加活潑生動與變化無窮，我們可以說行星的相位就是占星盤的靈魂所在。因此精通相位的論斷技巧不但是占星學進階的關鍵，更是精通天星卜卦學必備條件，讀者千萬不要等閒視之！

一般初級的占星學書籍，大多會將相位以「正面相位」或「負面相位」區分，或是「吉相位」和「凶相位」加以劃分，這樣的劃分原則上沒有錯，但是並非絕對，應該這樣說吧：「相位」原則上沒有吉凶，關鍵在於「星性」，也就是說，相位的吉凶解釋，其實是要以行星的基本特性爲依據的。套句命理哲學用語，就是：「吉無全吉、凶無全凶」，在實際的論斷經驗中，「相位」是解釋命盤**星與星、星與先後天宮位之因果關係最佳利器**！

爲了方便初學者學習，筆者還是要不厭其煩的提一下相位的基本概念。大家都知道，我們常用的星盤基本上以週天360度劃分十二星座和十二宮位，而星星落入十二星座之中，彼此之間所形成的幾何角度，就是「相位」。

一般來說，比較重要的角度有：

合相：兩顆行星間的夾角接近0度，也就是重合。中國星宗稱之爲「合」。一般來說，合相是一個**吉凶難判**的相位，代表二顆行星力量之集中，其吉凶完全要根據星性做判斷。

二分相：兩顆行星間的夾角接近180度，也就是360÷2＝180度，我們稱之爲「沖」或「衝」。衝表示二顆行星相互衝擊，一般把它歸爲「**凶相位**」，表示衝擊、對立和緊張！

三分相：兩顆行星間的夾角接近120度。也就是360÷3＝120度，我們稱之爲「三合」。三合是一個所謂的**協調**相位，代表能量順暢流行，是個「吉相位」，可以協調二星彼此間的能量運作！

四分相：兩顆行星間的夾角接近90度，也就是360÷4＝90度，我們稱之爲「刑」。也是個不良相位。一般來說是個壓**力**相位，代表壓力、負擔、阻礙等，屬於「凶相位」。

六分相：兩顆行星間的夾角接近60度，也就是360÷6＝60度，我們稱之爲「六合」這也是個優良的相位。六合是三合的一半，同樣表示能量彼此協調，有助力、協助之意，同樣也歸類爲「吉相位」。

其他還有些比較不重要的「相位」，例如：360÷8＝45度，我們稱之爲「半刑」。360÷12＝30度，我們稱之爲「半六合」，或稱爲「夾」。還有150度的疾病相位、72度五分相位等等，在國外討論較多，但一般我們很少去考慮和用到。

以上，是一般占星學的相位「初級」用法，你只要知道所謂的**吉凶相位**，大概就可做命盤或卜卦盤的簡單吉凶論斷。但是接下的的相位詮釋，就是進階的關鍵囉！

相位的本質

前一篇，簡單的介紹相位用法，這一篇要來研究相位的原始模型，也就是「原型」，懂得相位結構，在相位論斷上就可以更上一層樓。先看一個間單的星盤（如圖一）：星盤中只有後天十二宮位，沒錯！相位的基本模型就是源自後天十二宮位的關係，各位只要將主角定位在第一宮，也就是命宮，許多相位的關係就會一目了然。以下我們就慢慢的逐一分述相位關係！

圖(一)

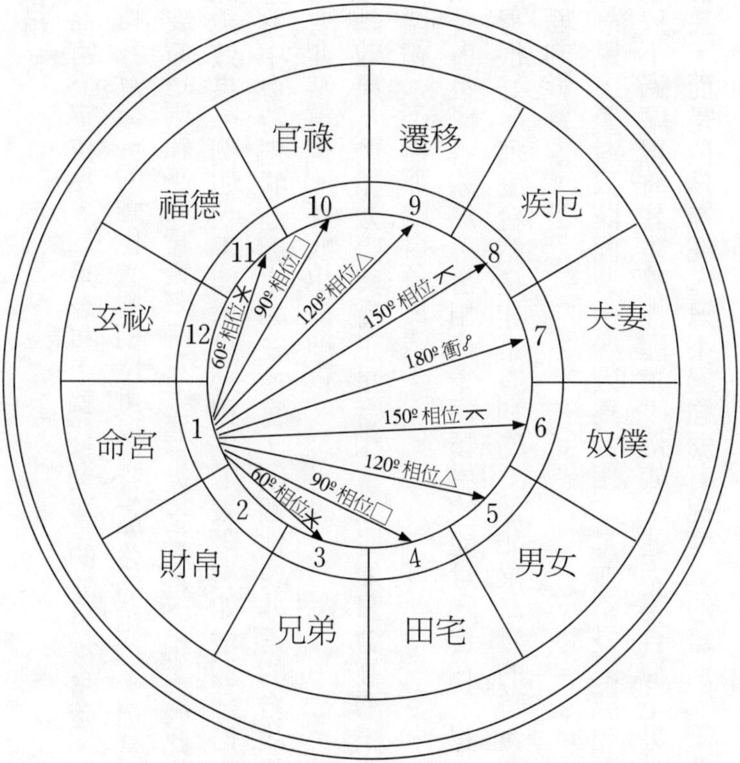
官祿
遷移
福德
疾厄
玄祕
夫妻
命宮
奴僕
財帛
男女
兄弟
田宅
1
2
3
4
5
6
7
8
9
10
11
12
60º 相位✶
90º 相位□
120º 相位△
150º 相位⊼
180º 衝☍
150º 相位⊼
120º 相位△
90º 相位□
60º 相位✶

合相

以命宮爲定位點，二星合相，就代表命宮的能量被**增強**，就心理學層面來解釋，就是「自我意識」的強化。此相位可以說是**加強**的相位，但是兩星合相之後，所產生的效應要看這兩顆星的特質來決定，通常在二顆星合相，彼此的能量會有幾個層面：

◎**加乘效果**：例如太陽與木星合相，則太陽有如增加一倍之能量，而合相的該宮位在星盤中會特別的凸顯！如在命宮，則個性會非常的自我與傲慢；如在財帛宮，對錢財會非常重視、花錢也很揮霍。

◎**抵銷效果**：例如太陽與海王星合相，太陽能量會被海王星抵銷部分，個性上就會比較溫和，不再那麼自負囂張！

很多占星學者認爲，合相代表兩顆星的能量融合在一起，如果這兩星的特性可以搭配得很好，那麼合相是非常有利的；但如果二星的特質互相衝突，那麼就表示某種負面的影響力。

這一點，筆者只認同一半，因爲合相二星並不是變成一顆星，其個別星性還是存在，只不過顯現有其差異性罷了！例如上述太陽合海王星，太陽和海王星的特性並非消失，而是依然存在，只不過強弱有程度上的差別。筆者還是要強調：命理上絕對沒有「一加一等於二」的化學變化，希望讀者們不要被誤導了。（同樣的在八字裡也有天干合化的問題，也是同樣不會變成化學變化。）

另外在國外占星學有所謂「燃燒」（Bunring），即當某一個行星和太陽重合的時候，古代的占星學家認爲這個行星會被太陽「燒掉」，使得這一個行星的能量無法顯現或消失，當相位越靠近，這種現象就越明顯。

這個見解，我個人依然不表認同。古書云：「太陽一出，群星伏隱」，用白話一點解釋就是：在白天，太陽高掛在天空時，絕對看不到其他星星。這種現象可以解釋任何星與太陽合相時，太陽還是居於主導的地位，但所謂「伏隱」，只是行星的力量暫時消失，並不代表永遠消失不見，這一點，讀者們還是要深思。

二分相位─衝

如圖一，以命宮爲中心，二分相就是**對宮**，也就是**夫妻宮**，各位不妨複習一下夫妻宮所代表的意義。就一個家庭來說，夫妻是一個相互對立而又必須經常面對角色，以男命爲例，所謂：男主外、女主內，這就是一個對立的差別！爲了維持家庭的運作，所以必須男女夫妻有別。夫妻角色雖然對立，有時難免意見相左或衝突，但只要雙方情投意合，爲維持家庭關係，彼此還是可以容忍。倘若夫妻個性天差地別、水火不容，則一旦意見相左，勢必反目成仇。君不見電視新聞經常播報夫妻反目成仇甚至演變成殺死對方的人倫悲劇嗎？

同樣的道理，將夫妻關係引伸到「衝相位」的關係，就不難理解其道理之所在。「衝」雖然是對立和衝突，但是只要星性相近或包容，其逞兇的程度並不大！但假如二個星性不佳的對衝，則很可能引發滔天巨浪！例如**火星和天王星**對衝，這經常是造成**血光之災**的相位，讀者宜多加注意！

另一方面，衝的相位表示互相**衝突**、**對立與緊張**的關係，是一種極不穩定的狀態，命盤上衝相位多的人，可能在某些方面的行爲會比較極端，就經驗上來說，命盤有衝的相位並不見得不好，相反的筆者見過很多有錢人命盤之中，幾乎每個人都會有「衝」相位，特別是在第二宮、第八宮的對衝相位更是多見。

四分相位──刑

如圖一，以命宮爲中心，可以畫出二個四分相位，分別是**官祿宮與田宅宮**。沒錯！這樣的比喩大家應該很清楚的感受到「刑」的壓力所在吧！一個人，特別是成年的男女，除了要面對來自配偶的期許外，還得要面對自己的家庭與事業，包括家人對你的期望，和來自上司的督促與期待。

不管男女，一生努力犧牲奉獻就是爲了家庭；每個人辛勤地在職場打拼，不也是希望能夠在事業上有所成就？所以這些來自家庭與事業上的壓力，雖然辛苦，但很多是不得不面對的，就像是每個人都希望不必工作，卻又不得不工作一般，讓人不舒服卻又不能不接受！

值得一提的是，「刑」的相位雖然會讓人感受壓力與挫折，但大多是在不知不覺中慢慢形成的，不像「衝」那樣的激烈衝擊，讓人立刻可以感受得到。在紫微斗數的論斷口訣中有一句：「當頭一棒容易躲，兩脅暗箭最難防」，拿來比喻刑衝相位最是恰當不過了。所謂：「明槍易躲、暗箭難防」，「衝」就像是直直刺過來的利刃，讓人雖然感到震驚害怕，但卻容易警覺和閃避；而「刑」就像是不會立刻取人性命的毒藥，一開始讓你無從察覺，但日積月累到發現時，往往已經爲時已晚，無法挽回了！所以，「刑」確實是一個很不利的相位，在命盤上顯現時，往往讓人有苦說不出！

三分相—三合

如圖一，以命宮爲中心，同樣可以畫出二個三合相位，分別是男女宮和遷移宮。一般占星學都認爲三合相位象徵著能量調和、和諧，代表某種好運、幸運、順利等。

為何三合相位會帶來這些益處？

諸位不妨去想像一下你人生最快樂的時候，我想大家應該會很自然的想到談戀愛的時期、或者是出國旅遊的時候吧！沒錯，人生最快樂莫過於此，帶著心愛的人出國遊山玩水，不用煩惱現實生活的柴米油鹽、工作壓力…等等，特別是初戀的甜蜜更是讓人難以忘懷！

三合相位就是如此，讓人感到舒服而沒有壓力，讓人覺得好像是理所當然的，因而忽視了它的意義與價值。三合相位雖然是代表幸運和順利的吉相位，但命盤中如果有太多的三合相位，也並非是一件好事！經驗上三合相位過多的人，雖然好運連連、人生沒什麼大風大浪，但是由於沒有經歷挫折磨練，或應該說是生活舒適安逸讓他喪失積極向上的成就動力，這種人往往沒有什麼偉大的成就，反而因為過渡浪費上天給予的好運，到了晚年，常常是晚景淒涼。

老子《道德經》有云：「禍兮，福之所倚；福兮，禍之所伏。」特別是在東方社會，幸運的人往往特別容易招忌，讓人羨慕與讓人嫉妒，禍事往往在不知不覺中引起。所以有這種三合相位的人，更應該善加利用上天所賦予的好運，發掘自己天賦的優點及長處，好好的利用機運來成就事業完成理想。

六分相——六合

如圖一，以命宮爲中心，可畫出六合相位，分別爲兄弟宮與福德宮。您應該馬上可以體會六合相位的意義所在了吧！六合是三合的一半，同樣表示能量彼此協調，有助力、協助之意，簡單來說，其協助就是來自兄弟宮與福德宮，占星學用兄弟宮代表兄弟姊妹或鄰居朋友，同樣福德宮也代表來自社會或社團上的朋友，所以六合相位是吉相位的意義不言可喻。

六合與三合相位的情況相當類似，同樣象徵著兩顆星之間能量的協調，同樣代表機運、助力等，只不過在能量上沒有三合強。經驗中，我們還是把他和三合歸爲吉相位，同樣是加強星星的正面特性。

150度相位

如圖一，從命宮畫出二個150度相位，正好是奴僕宮與疾厄宮，這二個宮位是代表健康與死亡的宮位，因此150度相位常被占星學家定位爲「疾病相位」，暗示他與疾病有關。平常筆者鮮少論及150度相位，只有在疾病探討上，會和其他刑衝的凶相位一同參考。

以上就是相位的眞實意涵所在，至於其他比較細微的相位，如30度、45度、135

度等，讀者同樣可以根據後天十二宮推出其源由所在。

從實戰的經驗來看，相位的吉凶並不是唯一重點，在國外甚至認爲相位沒有吉凶，重點是相位猶如一張蜘蛛網，將星座、星星和十二後天宮緊密的網在一起，讓命盤的資訊更加豐富、更加多采多姿！

在中國的七政四餘裡面，有所謂的「經絡八法」，其實也就是相位的解釋，所謂八法即：經、絡、貫、串、守、沖、關、拱等八法。茲摘錄《星學摘要》部分內容以做說明：

經：經者，七政之四同經度。如**日**有四日度，爲房虛昴星。**月**有四月度，爲心危畢張。**木**有四木度，爲角斗奎井。**火**有四火度，爲尾室觜翼。**土**有四土度，爲氐女胃柳。**金**有四金度，爲亢牛婁鬼。**水**有四水度，爲箕壁參軫。假如命主躔星日，吉星躔房虛昴，爲同經，雖在隔宮，在天同爲一氣，應無不利。若同經之星是凶曜，其害宜防。

絡：絡者，對宮對度也。每宮的第一度通十二宮第一度。二三四等度亦如之。絡之作用，在於一氣相通，最爲親切。假如子宮安命躔斗21度，吉星躔箕初，氐16，角8，翼8，星4，井26，參6，昴1，奎9，室8，虛8，雖不同宮，卻與斗21

度相通，故曰絡（即所用量天尺同行相貫串之度），每宮一度貫通十二度是也。

貫：貫者，命主與吉凶等星同在一經也，貫吉得吉貫凶得凶。假如命主躔星日五度，吉星亦躔星日五度是也。

串：串者，命度主前後三度也。假如安命子垣躔虛日四度，吉星躔虛日一二三度，並五六七度是也。

守：守者，吉凶星守於命宮也。如立命午，而吉凶星在午。大限亦同。

沖：沖者，即對宮沖照，假如命立卯宮，吉星在酉宮。限上之對宮亦然。

關：關者，四正穿照也。假如命立子宮，吉星在卯酉（絡度更佳）。午宮不列在內，因爲午是子的沖照。

拱：拱者，三合也。假如命立午宮，吉星在寅戌是也。日月拱命主及拱官福田財，或官福田財拱命主，無凶混集爲貴，命宮大限亦同。其他如：

釣者，三方吊照也，與拱之意相同。

夾者，兩傍也，或在一宮或在數宮，總以不集爲貴。如日月夾命主，諸吉星夾命宮、夾大限皆然，或日月夾吉星照命宮命主限上，不宜日月夾凶星又不宜凶星夾日月。

攔截者，計羅截出一星，或日月攔出一星是也，吉者自吉，凶者自凶。

塡者，即八字之四柱中有子丑而吉凶星在子丑，又有戌亥之類是，以日支爲重要。

讀者們從上述的說明中不難發現，沖就是衝相位；關就是刑相位；拱就是三合相位；夾就是30度相位，另外絡、貫、串等，在古典占星學裡面也是有應用到。從這一點可以證明，中西星學同出一脈、理出一源，讀者們應該放開胸懷接受西洋占星學的新觀念，而不應該抱殘守缺、閉門造車地死守古法，如此一來，天星命學才能眞正發揚光大。在此與大家共勉之！

第九章　實例研討

天星卜卦簡單易學，只要運用一點想像力，再加上占星學的基本功夫，然後「看圖說故事」，運用符號聯想便能組織成一個精彩的占卜論斷，為能讓讀者們進一步學習與精通天星卜卦，筆者就舉一個網路實例的研討作為示範！

030917 占節目

時間：西元 2003/09/17　PM22:00

網友問：我目前幫忙製作的一個新節目，這是它首播的時間，也算是它的生日吧！請潘老師您幫忙看看，這個節目的狀況，以及它的壽命！

首先，如果把節目首播的日期當成是節目的生日，那麼命宮的好壞與命主的強弱就是節目本身的好壞與節目品質的強弱囉！

因此，我們首要任務就是尋找主「體」…命宮與命主星。此天星盤，命居雙子申宮，命主水星在巳宮，為水星歸垣，因此主體水星的體質應該算是不錯！也就是

030917
占節目天星盤

030917 問節目
Sep 17.2003
Taipei,Taiwan
22:00:00 PM CCT

ZONE:-08:00
121E30'00"
25N03'00"

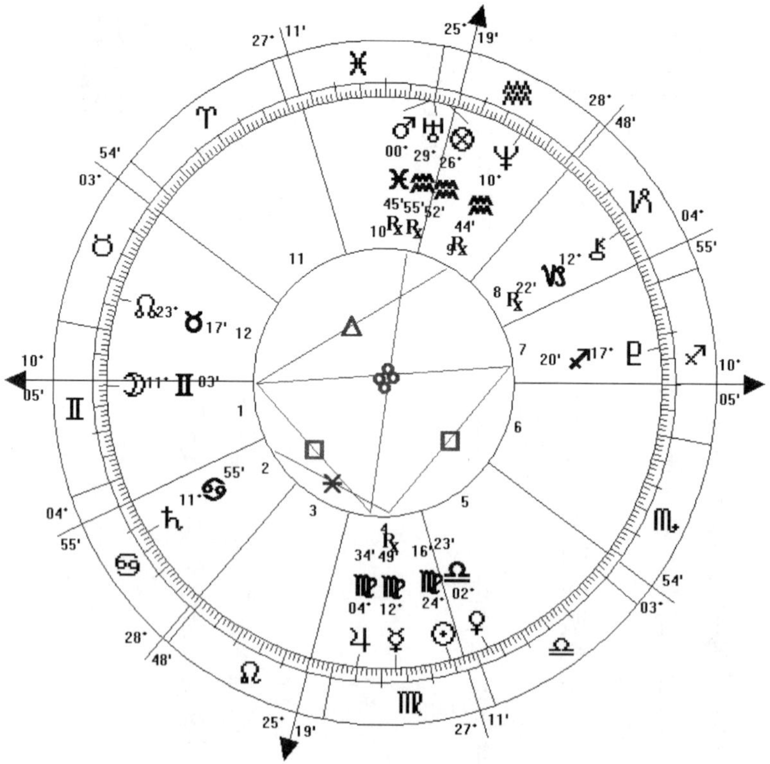

節目的本身品質還不錯！

問題是，二宮主**太陰**與命主**水星**相刑又衝冥王星（六宮主），加上**土星**居財帛宮。這代表節目本身與財力之間無法協調。財爲養命之源，顯示後勤支援的財力不足或是資金有限，而且二宮爲財帛宮，又是主廣告收入或錢財收支，土星在此，的確讓財務收支上有點辛苦！這是否意味著節目播出後的反映不佳，致使廣告收入有限？

另外，十宮應該指節目的知名度或是聲望，而十宮主**天王星**逆行又合**火星**又衝**木星**。如果節目是用比較怪異特殊的議題炒作，也許短期間會有一些突破性的發展！但是火天畢竟是主**意外之凶**，有可能最後會因爲與電視公司或是合作對象的理念意見不同而造成不歡而散！

我倒是很好奇太陰與海王星三合代表什麼意涵？

海王星爲11宮主，居九宮又三合太陰，是否意味著節目製作有外資的投入？或是將來節目播出後反而在國外比較受歡迎？

太陰入雙子申宮，好像是談話性或益智性節目，三合海王星，又帶點迷信或是時尚流行的味道，難不成又是算命或是八卦話題節目？也有可能類似時尚美容節目？

如果要預測此節目的壽命…我沒多大把握！大概…不會超過……七之數吧！如果是每天播出的帶狀節目，則…一個月左右吧！

以上純屬個人猜測，我對電視節目的生態不是很了解，所以，如有錯誤請見諒！

網友回覆：

好詳細的說明，讓我好感動喔！謝謝老師！謝謝！

詳細報告一下整個節目目前面臨的狀況：

我現在做的這個節目是在××綜合台，節目型態就像是『世界眞奇妙』的中國版，是個益智問答節目，來賓看 VCR 答問題！

我是執行製作人，也就是負責整個節目的統籌，但是，因爲製作人沒錢，人手又極度不足，所以目前工作由三個人分攤，事實上根本不夠！

電視台方面，本來製作人和電視公司一位副總契合，於是可以開錄，這個節目號稱是××電視台製作費最高的節目！

但是，很不幸的，上上個禮拜，電視公司內部大地震，那位副總被冰起來，所以他不幹了！現在我們這個單位很危險，完全得靠自己活下來，而且，是非常容易被除掉的，除非我們的收視率很高，不過我看是很難！

這個節目，現在由於經費窘迫，本來應該是找三位藝人，但是現在也會出現作家、記者、政府官員、名人等來賓參加。所以，算是滿怪異的吧！哈哈！

我一直都不看好自己可以把節目救起來，因爲我和製作人做事看法極度相背，但是錄了影之後，又很喜歡兩位主持人，很希望他們可以長長久久的做下去！

您說的沒錯！製作單位本身已經沒有錢，播出的頻道也不是一個業務能力強的電視台！節目中比方洗頭、俚語、消費、古董都有，也都包含在VCR中。此節目是塊狀節目，合約一季十三集，難道是不會超過七集？謝謝老師這麼精細的判斷，有任何狀況，我必定回來報告！

透過以上筆者的解說以及網友的回應，相信讀者們一定可以意會筆者的解說與用意，天星卜卦就是這麼一回事，一點也不難，只要讀者們將先天的星座、行星特性與後天人事十二宮的特性了解清楚，相信便能很快進入狀況！倘若讀者具備西洋占星學的基本解盤能力，要進入天星卜卦只需片刻時間即可！在下面的章節，筆者附上數十個卦例，這些都是這幾年來筆者斷驗的實例，有些是與網友的互動，有些則是親自來電（店）占卜的，每一個卦例筆者都盡可能做詳細的解說，希望透過這些卦例，能夠幫助讀者們對天星卜卦有更深一層的認識與體會！

000527
占合辦展覽天星盤

000527 問合辦展覽
May 27.2000
Keelung,Taiwan
16:07:05 PM CCT

ZONE:-08:00
121E44'00"
25N08'00"

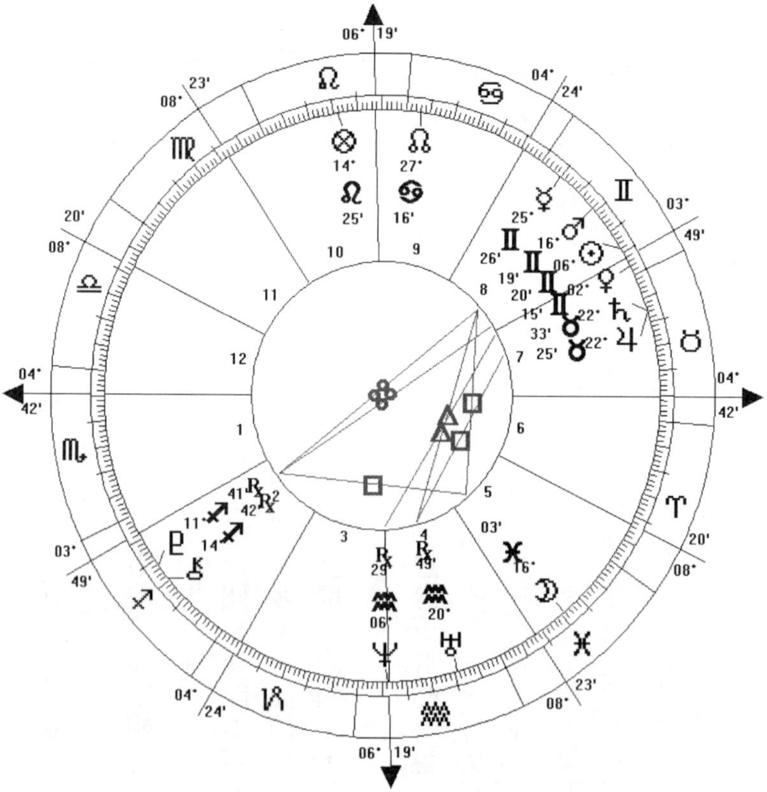

000527 占合辦展覽

時間：2000/05/27　PM16:07

某建設公司欲找我合辦嘉年華會，占問可順利否？

解：

1. 七宮主金星合太陽居八宮，對方想藉此促銷房屋、打知名度賺錢。

2. 命主入八宮衝冥王星刑卦主月亮，我雖想賺錢但是事情恐怕沒那麼簡單。且二、八宮火、日、冥對衝，亦不利求財。

事實：經過幾次協商，最後發現支出太龐大而且回收不確定，因而作罷。

010103

占感情天星盤

010103 問感情	ZONE:-08:00
Jan 03.2001	121E44'00"
Keelung,Taiwan	25N08'00"
01:20:25 AM CCT	

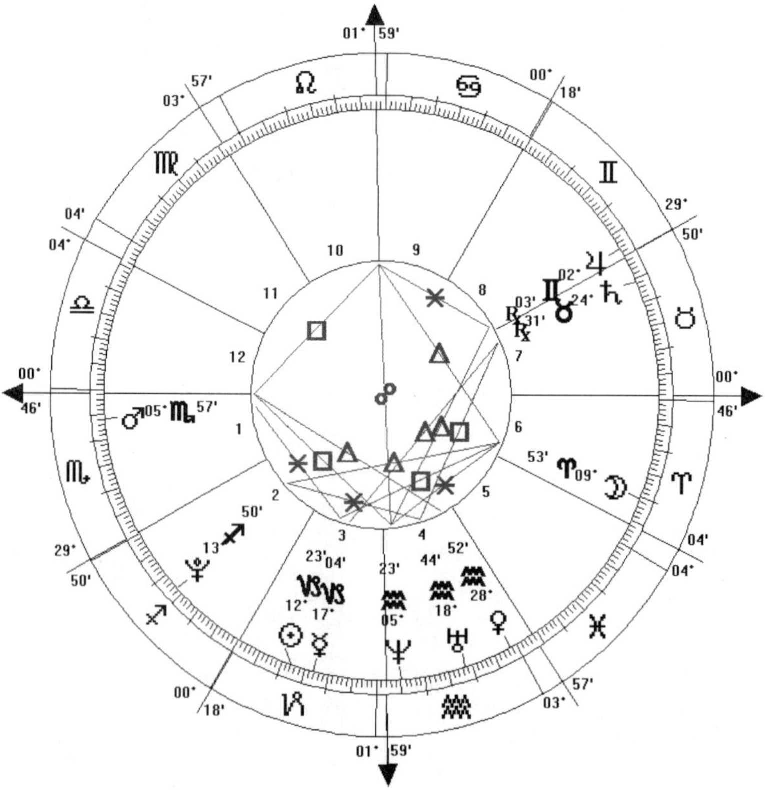

010103 占感情

時間：2001/01/03　AM01:20

友人占問：目前暗戀的女性朋友，結果如何？

解：

1. 命主火星與七宮主金星三合，二人彼此感情不錯。

2. 金星入四宮，對方有成家的渴望。

3. 命主火星刑海王星，對成家有期待。

4. 金星刑土星、木星，對方也正爲感情困擾。

事實：

與對方是多年的好友，也暗戀已久，但對方已經有男友，常聽其抱怨男友不好，想看看自己有無希望。此卦看似有希望，但是目前與其男友卻也是分不開，看來只有再等待時機了。

010118

占換工作天星盤

010118 問換工作
Jan 18.2001
Keelung,Taiwan
22:15:10 PM CCT

ZONE:-08:00
121E44'00"
25N08'00"

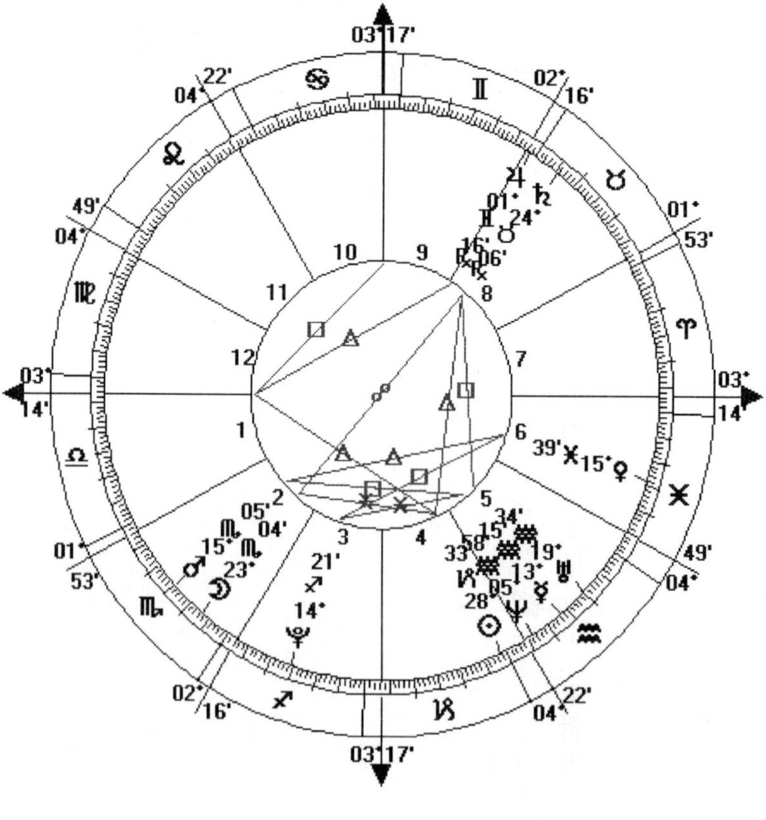

010118 占換工作

時間：2001/01/18 PM22:15

事由：在某大建設公司任職的女性友人來電占問想換工作可否？

斷曰：由來電時間起占星盤，官祿主月亮在第二宮衝八宮土星，是因爲工作壓力與薪資不成正比而萌生退意。二五八宮刑衝一大堆，這家公司可能會有一大堆問題發生，故建議騎驢找馬，趁早打算。

事實：友人告知因景氣不佳，公司業務已經處於半停頓狀態，自己薪水偏低，與付出不成比例，故想換工作。

010204

自占今年運勢天星盤

010204 自占今年運勢
Feb 04.2001
Keelung,Taiwan
11:27:00 AM CCT

ZONE:-08:00
121E44'00"
25N08'00"

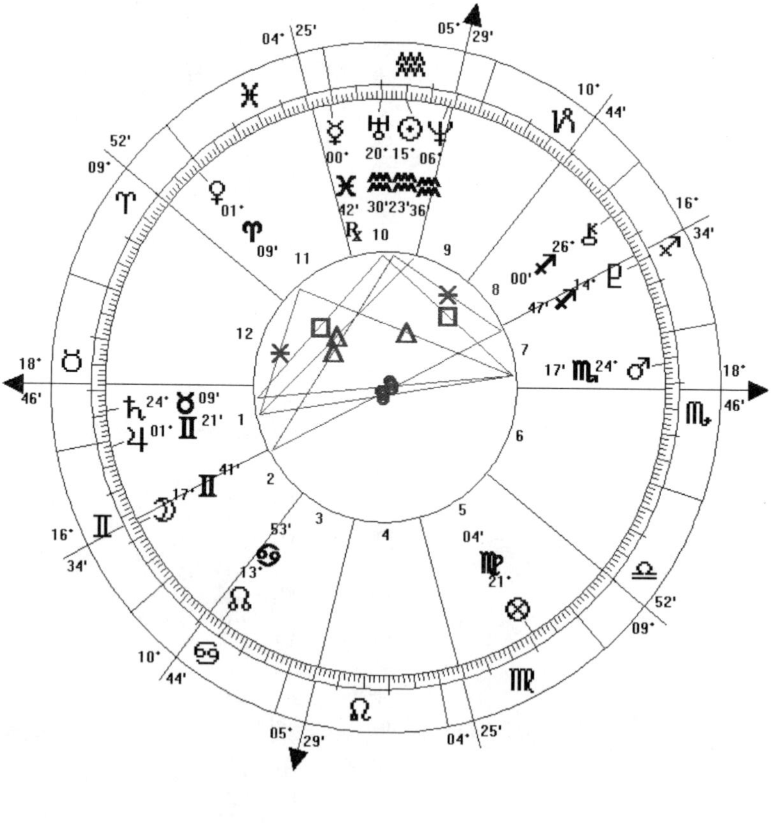

010204 自占今年運勢

時間：2001/02/04　AM11:27

今日適逢立春，自占今年的運勢？

解：

*1.*日月三合在二、十宮，事業與收入應該都有不錯的收穫。

*2.*土星入命合木星衝火星，工作壓力大，勿與人爭執，小心意外。

*3.*月亮入二宮衝八宮冥王星，小心財務問題。

事實：

總結2001年，在工作上與收入均有不錯的成長，但是因爲被某些客戶倒帳、欠帳，導致財務壓力大增，過得很辛苦。

十月份發生一起小車禍，幸僅腿部受一點小傷。

010217

網友問運勢天星盤

010217 網友問運勢
Feb 17.2001
Keelung,Taiwan
16:00:30 PM CCT

ZONE:-08:00
121E44'00"
25N08'00"

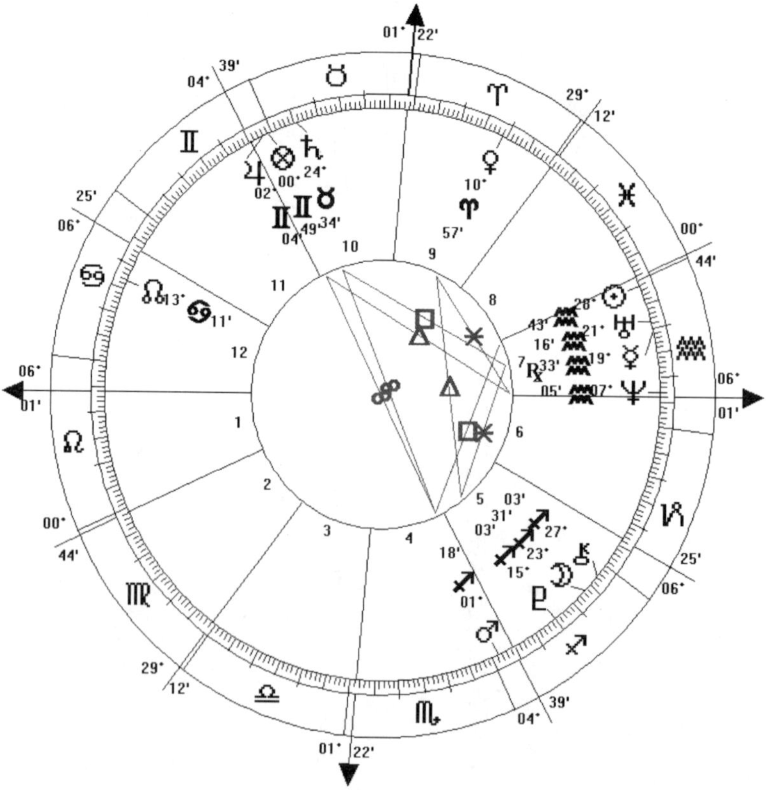

010217 網友問運勢

時間：2001/02/17　PM16:00

大陸網友在聊天室問運勢。

解：

1. 月亮在五宮合冥王星三合金星，有異國戀情的傾向。

2. 火星在四宮衝十宮之土星、木星，事業家庭產生衝突。

3. 天王星合水星刑土星在七宮，婚姻或感情可能會有狀況。

建議該網友目前狀況實在不宜輕舉妄動，宜等待適當時機再做打算。

事實：

經聊天以後得知該網友已經結婚，但因為工作關係經常在外地，目前有外遇，加上工作不甚順利，在事業與家庭兩難之下想離婚。

010329

問考試天星盤

010329 問考試
Mar 29.2001
Keelung,Taiwan
17:26:30 PM CCT

ZONE:-08:00
121E43'00"
25N08'00"

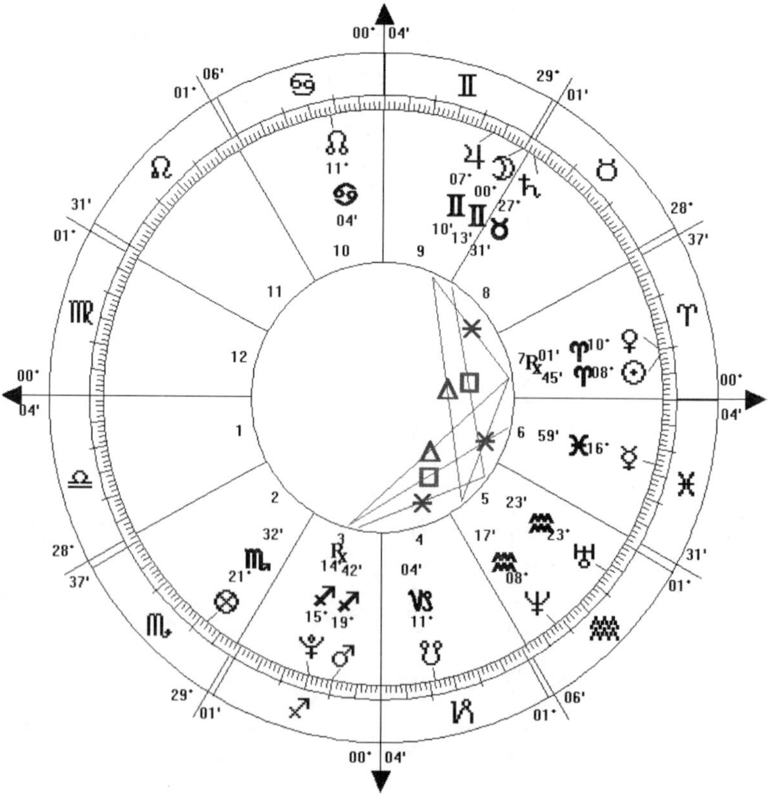

010329 問考試

時間：2001/03/29　PM17:26

某人問證券業務員的資格考試，欲知是否考得上？

解：

1. 一般證照考試我以九宮為用神，今卦主月亮合土星、木星在九宮，似乎是吉凶相伴。

2. 所幸命主金星合太陽又六合木星與海王，吉星高照，應該可以順利過關。

結果：本身沒什麼準備卻低空飛過，考上了。

010517
占大陸投資天星盤

010517 問大陸投資
May 17.2001
Keelung,Taiwan
18:15:43 PM CCT

ZONE:-08:00
121E44'00"
25N08'00"

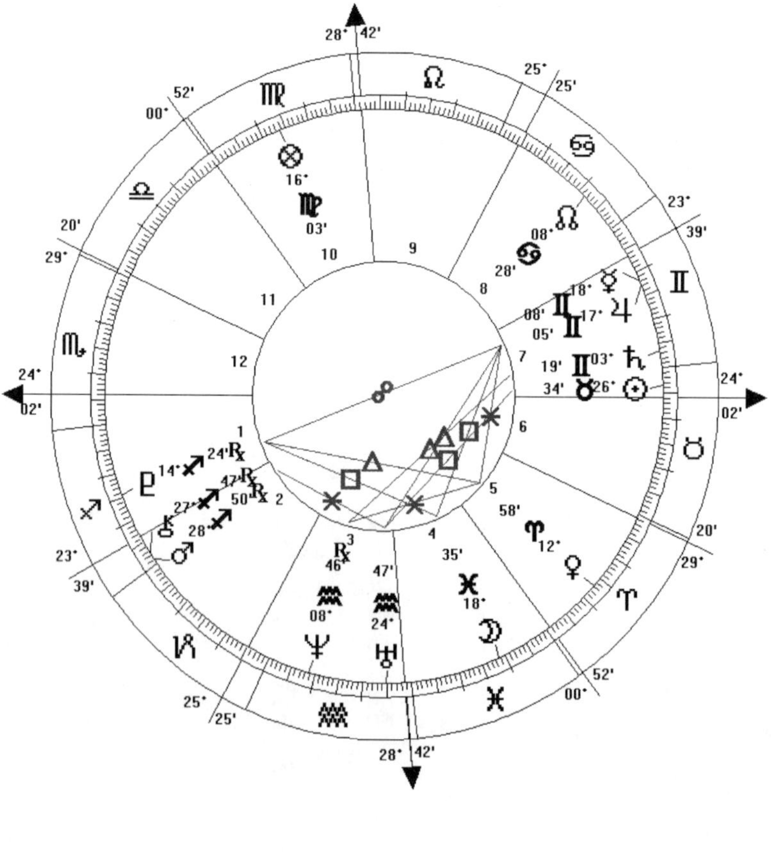

010517 占大陸投資

時間：2001/05/17　PM18:15

朋友來電占問：要與大陸軍方退役人士合夥投資可否？

解：

1. 十宮主太陽居七宮，對方背景雄厚。

2. 八宮主水星合二宮主木星，此投資案數目龐大且利益可觀。

3. 二宮主木星衝冥王星，刑卦主月亮，問題出在當事人的資金有問題。

事實：雙方各需集資3000萬人民幣投資，利益也相當可觀，但因當事人的資金調度有問題而作罷。

010709
占事業與感情天星盤

010709 問事業與感情
Jul 09.2001
Keelung,Taiwan
18:21:41 PM CCT

ZONE:-08:00
121E44'00"
25N08'00"

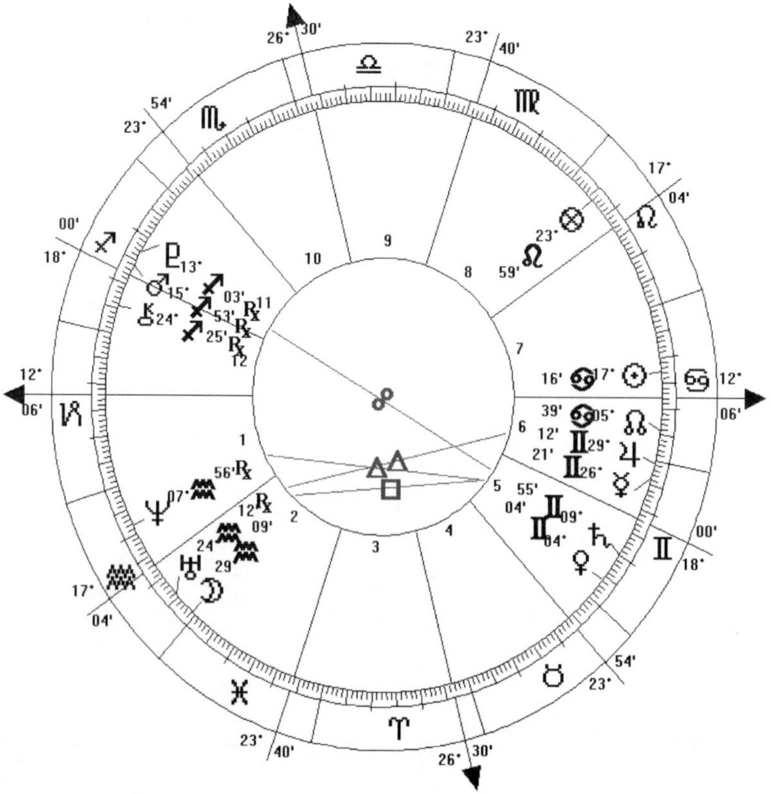

010709占事業與感情

時間：2001/07/09 PM18:21

友人家貞來電求占事業與感情，遂以來電時間起星盤觀察！

解：

1. 命主火星入五宮合金星衝冥王星，此乃為情所苦之象。

2. 十宮主金星入五宮三合海王星，工作可能與藝術表演有關。

3. 金星刑月亮又合土星，該公司業務可能經營有困難。

事實：友人目前在某藝人所經營的傳播公司任職，因為覺得該公司經營不大順利，有意離職。但是卻因為暗戀公司主管而舉棋不定。

010824

占財運天星盤

010824 問財運
Aug 24.2001
Keelung,Taiwan
09:59:00 AM CCT

ZONE:-08:00
121E43'00"
25N08'00"

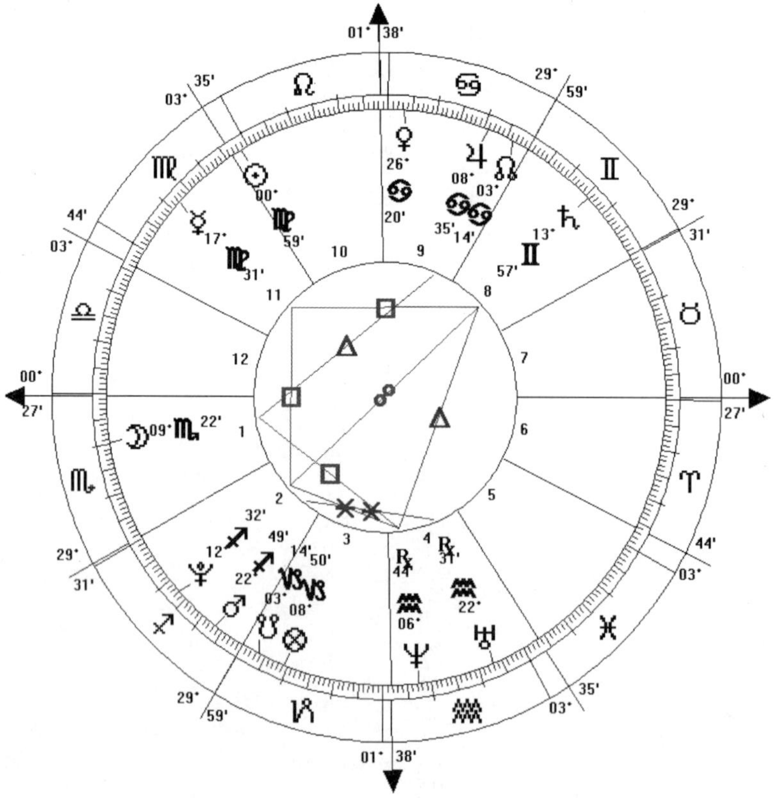

010824 占財運

時間：2001/08/24　AM9:59

友人占財運如何。

解：

1. 冥王星居二宮衝土星又刑水星，求財並非佳兆。
2. 卦主月亮雖三合木星但刑海王星。

綜合上述判斷雖無立即破財之虞，卻不利於投資求財。

011111
占合夥天星盤

011111 問合夥
Nov 11.2001
Keelung,Taiwan
16:50:19 PM CCT

ZONE:-08:00
121E44'00"
25N08'00"

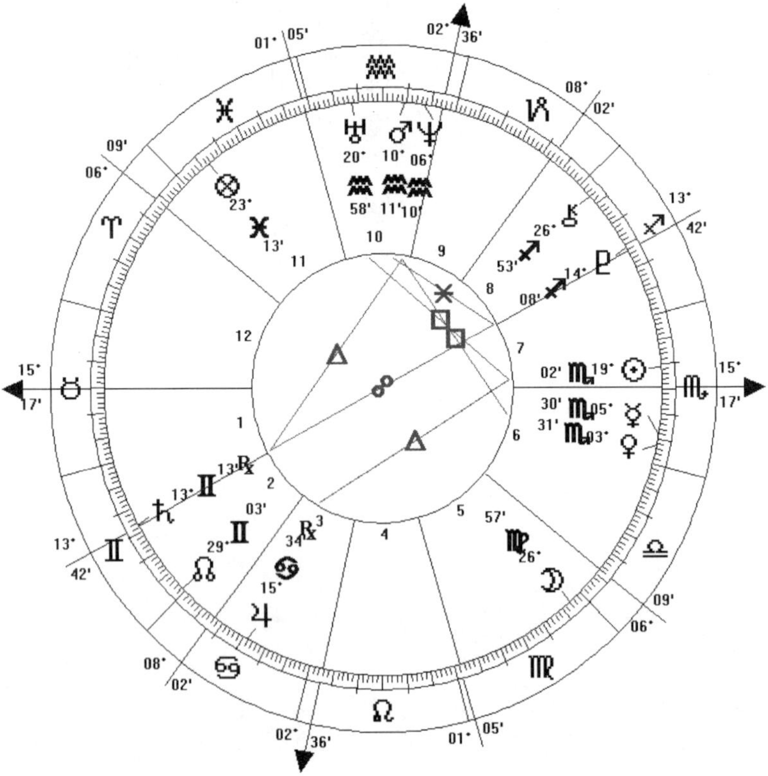

011111 占合夥

時間：2001/11/11　PM16:50

大陸友人占問：父母親與人合夥做生意可否？

解：

與人合夥不外乎求財，今土星位居財帛宮，不利求財也。

又七宮代表合夥對方，雖然太陽三合木星看起來對方地位顯赫，但是七宮主火星卻合海王星，顯示事有蹊蹺，對方有隱瞞詐騙之象，故不建議。

事實：對方自稱與黨政高層關係良好，說要合夥卻遲遲不見合作計畫，據友人表示他也懷疑對方身份，在大陸，這類人很多！

011112

占租屋天星盤

011112 問租屋
Nov 12.2001
Keelung,Taiwan
15:40:14 PM CCT

ZONE:-08:00
121E44'00"
25N08'00"

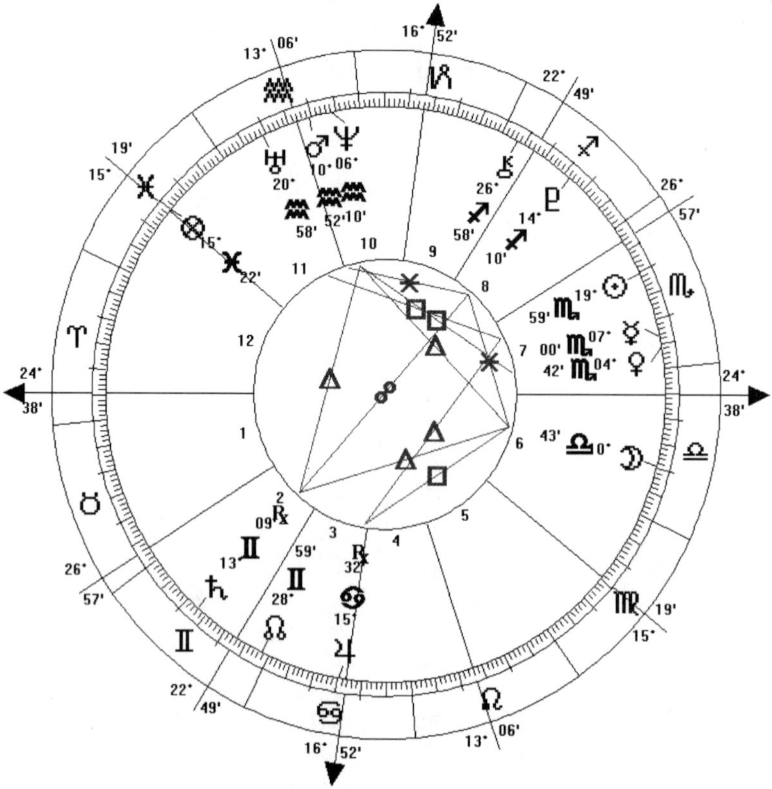

011112占租屋

時間：2001/11/12　PM15:40

占問：于小姐問房子可租否？

解：問房屋以四宮爲主。木星三合太陽居四宮，顯示該屋寬敞亮麗，卦主月亮三合火星與土星又刑木星，舒適中暗藏凶機！由於當事人問住進該屋是否有財利，見土星在二宮衝八宮冥王，乃吉中藏凶之象！又經現場勘查發現有部分缺點。故建議當事人三思。

事實：于小姐告知該屋確實寬敞舒適採光極佳，一見欣喜。但是基於財利考量，還是忍痛作罷。

011123

自占開課天星盤

011123 自占開課
Nov 23.2001
Keelung,Taiwan
00:15:16 AM CCT

ZONE:-08:00
121E44'00"
25N08'00"

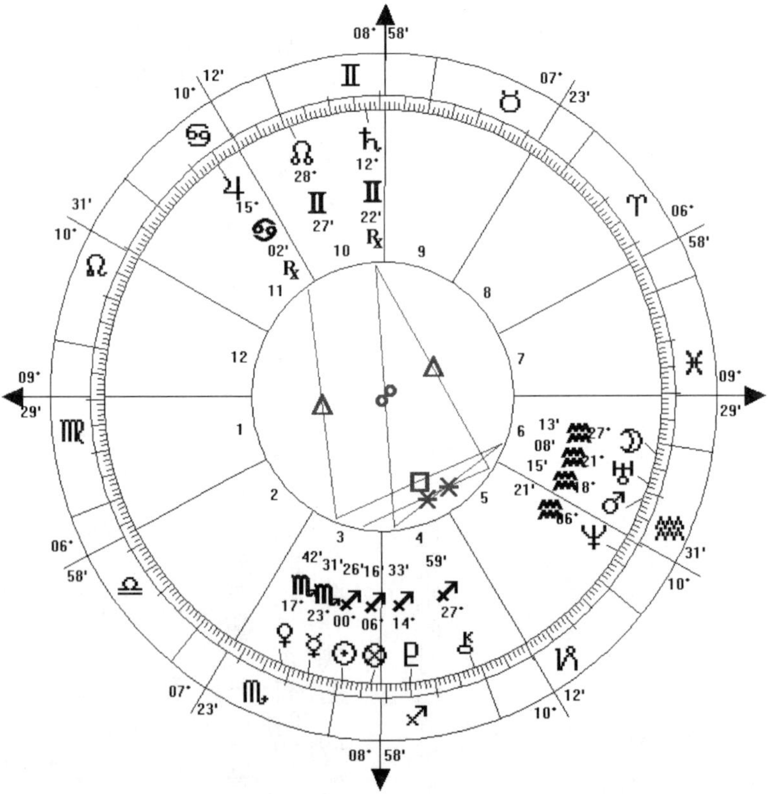

011123 自占開課

時間：2001/11/23　AM00:15
占問：開授梅花易數課程順利否？
解：土星高照，命主水星與卦主月亮相刑，看來還得花費一番努力。
事實：僅有三人報名，因人數不足而作罷。

011209
占賭運天星盤

011209 問賭運
Dec 09.2001
Keelung,Taiwan
14:46:58 PM CCT

ZONE:-08:00
121E44'00"
25N08'00"

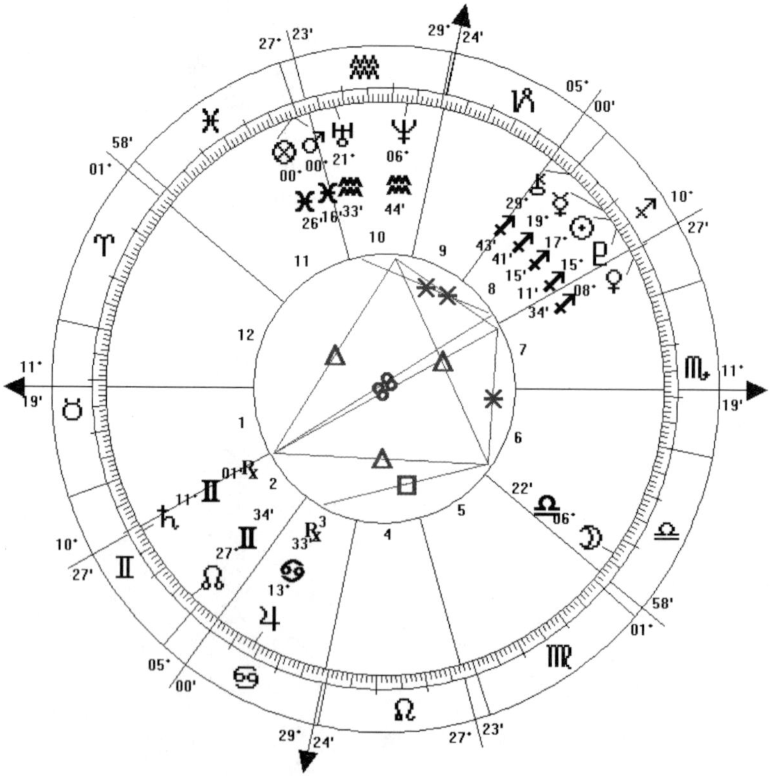

011209 占賭運

時間：2001/12/09　PM14:46

朋友來電邀牌聚，自占今日賭運如何？

解：土星在二宮衝五宮主太陽、二宮主水星及冥王星，實在不利求財也。

結果輸了不少錢！

011210

占問股票漲跌天星盤

011210 問股票漲跌
Dec 10.2001
Taipei,Taiwan
17:30:00 PM CCT

ZONE:-08:00
121E30'00"
25N03'00"

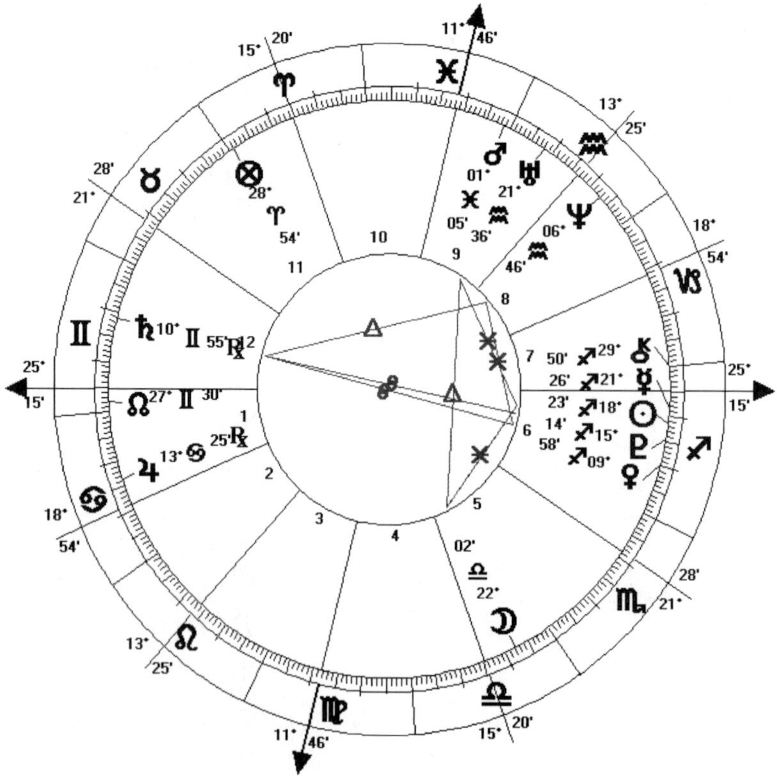

011210 占問股票漲跌

時間：2001/12/10　PM17:30

網友自占某股票漲跌？

解：

1. 股票買賣將本求利，故以二、五、八宮爲觀察重點。

2. 木星居命宮，顯示福星高照。

3. 二宮主兼卦主月亮在五宮三合天王星、六合太陽、水星，顯示獲利可觀。

4. 八宮主土星衝五宮主金星，顯示投資仍有可能失利。但綜合判斷仍認爲此股應該大漲且獲利可觀。

網友回覆：

當天下午（十二月十日）我就下預約單23.6元，隔日（十二月十一日）開盤漲過23.6，後來跌至23.6隨即彈上去，12/11便以漲停板作收，我幸運地買在最低點，當天就賺了9%，十二月十二日漲停，十二月十三日漲停，十二月十四日漲停31.5元賣掉！四天報酬率33%的確是大賺。

011217
占股票漲跌天星盤

011217 問股票漲跌
Dec 17.2001
Taipei,Taiwan
10:20:00 AM CCT

ZONE:-08:00
121E30'00"
25N03'00"

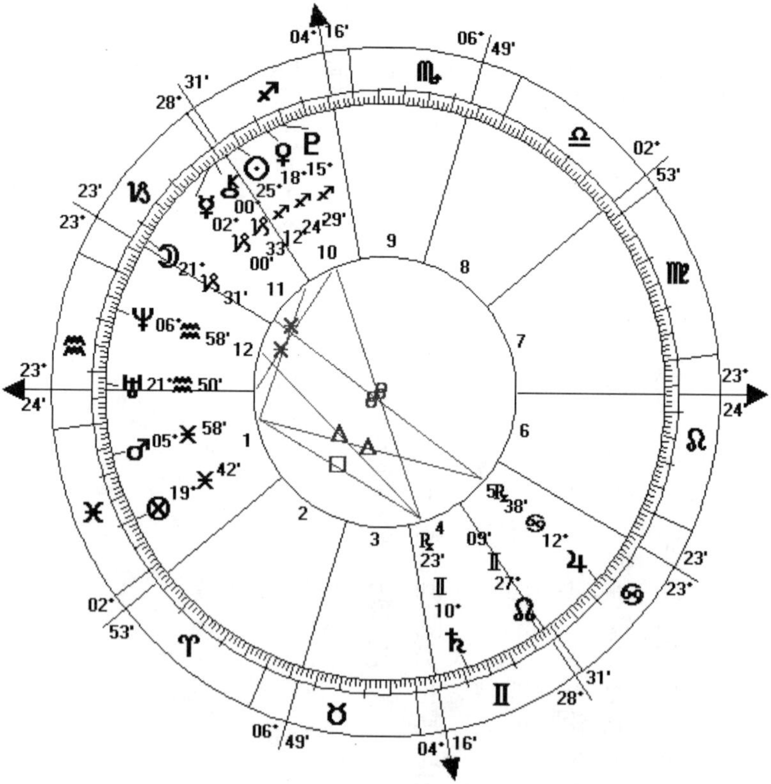

011217 占股票漲跌

時間：2001/12/17　AM10:20

網友續占某股票漲跌？

此卦從網路上見到時已經得知：

2001/12/17 現買 5453 華立企 73.00

2001/12/18 現賣 5453 華立企 71.00

故試著打打馬後砲：

1. 二宮主火星刑土星命主，求財無望。

2. 卦主月亮雖然衝木星但已經是離相位了，故無多大助益。

3. 所幸二宮主火星亦三合木星，故賠的不多。

011218

占工作天星盤

011218 問工作
Dec 18.2001
新竹
14:23:15 PM CCT

ZONE:-08:00
121E58'00"
25N48'00"

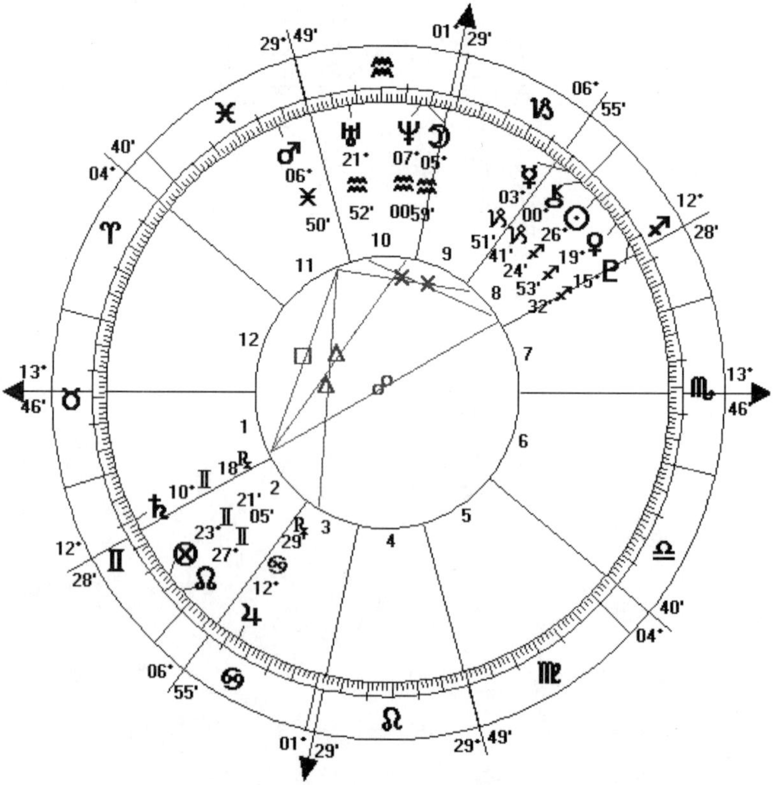

011218 占工作

時間：2001/12/18　PM14:23

網友占問能否找到工作？

解：

*1.*命主與六宮主金星六合天王星，主有意外之喜。

*2.*卦主月亮合海王星，又三合土星在二宮，待遇不如想像中好。

綜合判斷應該可以很快找到工作，但是對待遇或工作內容不是很滿意。

事實：經事後求證，確實錄取了某工作，但是一邊做一邊嫌。

011223

占換工作天星盤

0011223 問換工作
Dec 23.2001
Keelung,Taiwan
13:44:35 PM CCT

ZONE:-08:00
121E44'00"
25N08'00"

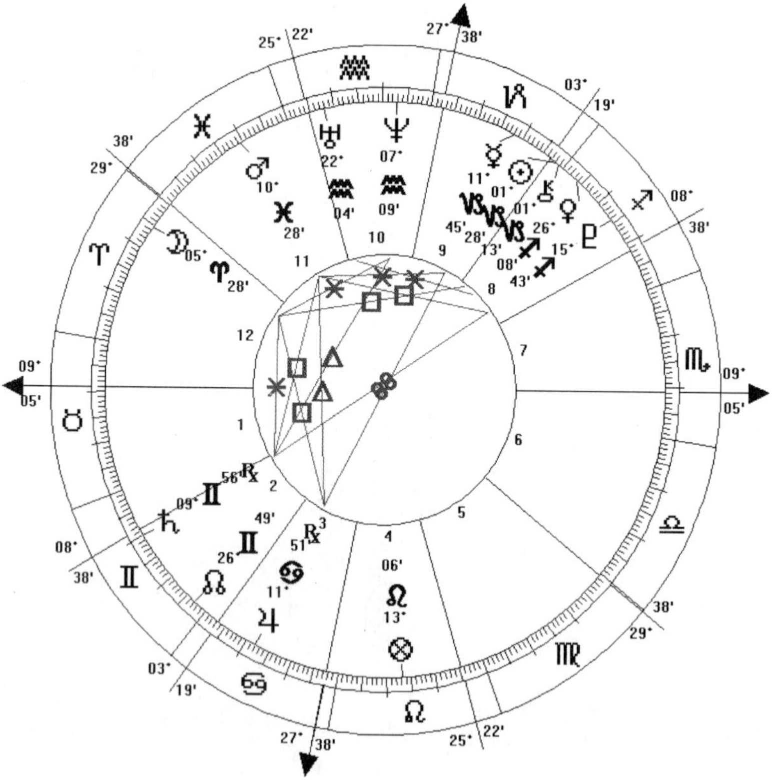

011223 占換工作

時間：2001/12/23　PM13:44

大陸網友占問：目前有一新的工作機會，換工作可否?

解：

土星居二宮財帛刑十一宮火星又衝冥王星，不只薪水沒有想像中多，而且可能還會有損公司人際關係。六宮主水星衝木星在三、九宮，表示業務繁重，可能沒那麼好混。

事實：經其事後瞭解，該工作的確繁重且忙碌，薪水也不高，故作罷。

020105

占丈夫運勢與健康天星盤

020105 問丈夫運勢與健康
Jan 05.2002
Keelung,Taiwan
20:07:38 PM CCT

ZONE:-08:00
121E44'00"
25N08'00"

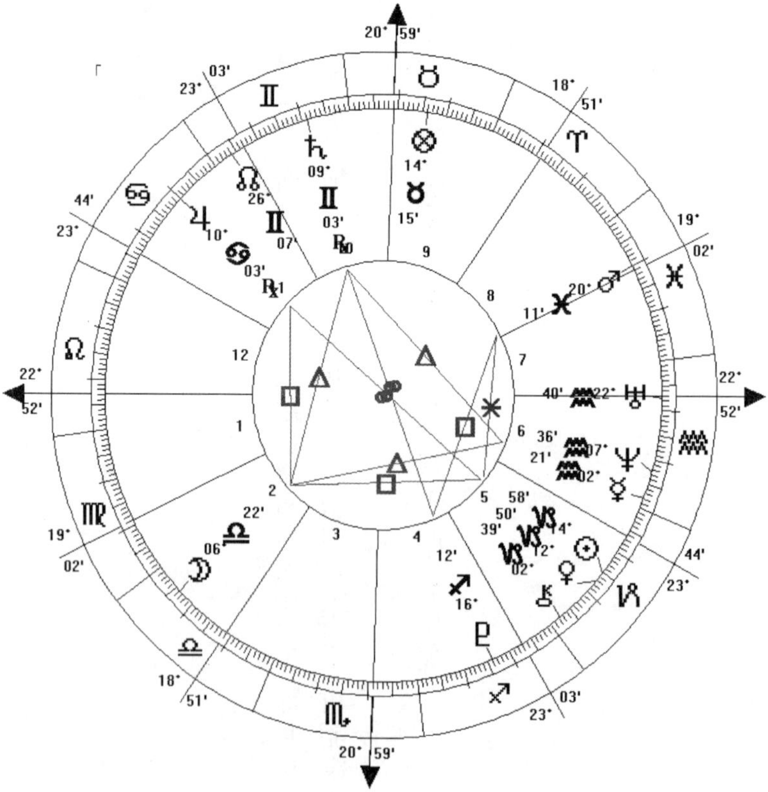

020105 占丈夫運勢與健康

時間：2002/01/05　PM20:07

陳小姐占問丈夫運勢與健康！

解：

1. 二宮有卦主月亮刑木星、金星；八宮有火星刑冥王星。顯示夫妻目前財運不佳，有財務問題。

2. 七宮主土星衝冥王星，又三合海王星、卦主月亮，目前健康還不算太嚴重，但有慢慢惡化傾向。

3. 卦主月亮又爲丈夫之六宮主，刑太陽、金星與木星，應該是屬於富貴病。

事實：日前因爲某些投資而虧不少錢，最近又有一些錢收不回。丈夫有高血壓與糖尿病史。

020128
問考運天星盤

020128 問考運
Jan 28.2002
Keelung,Taiwan
08:46:00 AM CCT

ZONE:-08:00
121E43'00"
25N08'00"

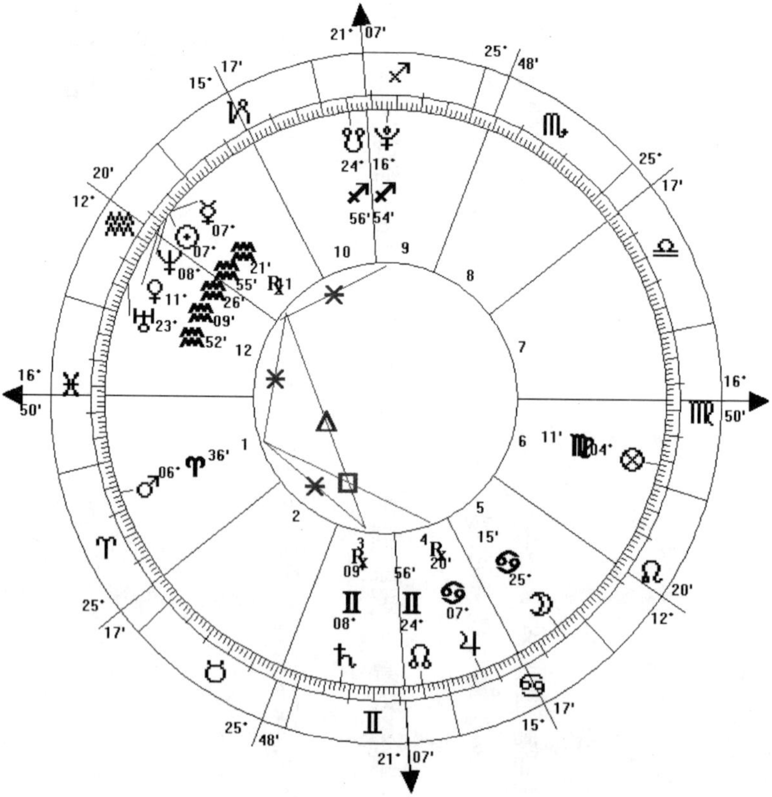

020128 問考運

時間：2002/01/28　AM8:46

某網友占問公職考運？

解：

1. 高等考試，因爲事關國家任用，我以十宮爲用神，當然還要參考九宮。冥王星居天頂，並非好兆頭。

2. 九宮主火星刑十宮主木星，也非吉兆。

3. 卦主月亮空亡。

事實：成績公佈，32000 人取 156 人，沒上榜。

020128

占樂透天星盤

020128 問樂透
Jan 28.2002
Taipei,Taiwan
17:30:00 PM CCT

ZONE:-08:00
121E30'00"
25N03'00"

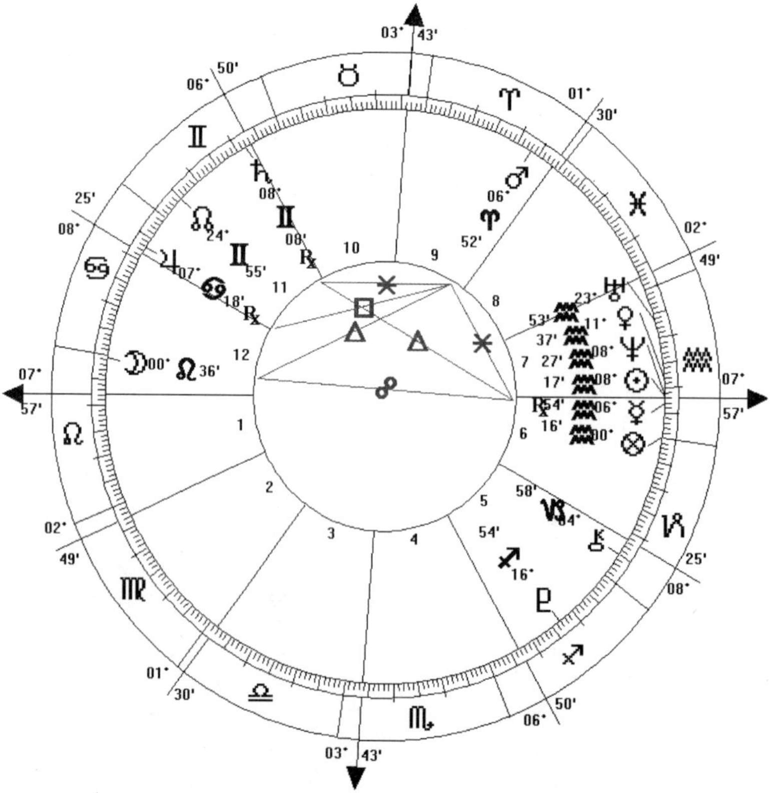

020128 占樂透

時間：2002/01/28 PM17:30

網友自占樂透可否中獎？

解：樂透博彩應該以第五宮為用神，五宮主木星居十二宮刑火星，加上卦主月亮入十二宮衝水星、太陽、海王星，故判斷中獎機會不高。

結果：買五張竟然中二張三星，獎金400元。

此卦個人看不出玄機所在，故留待後驗。

020130

占父病天星盤

020130 問父病
Jan 30.2002
Keelung,Taiwan
22:33:01 PM CCT

ZONE:-08:00
121E44'00"
25N08'00"

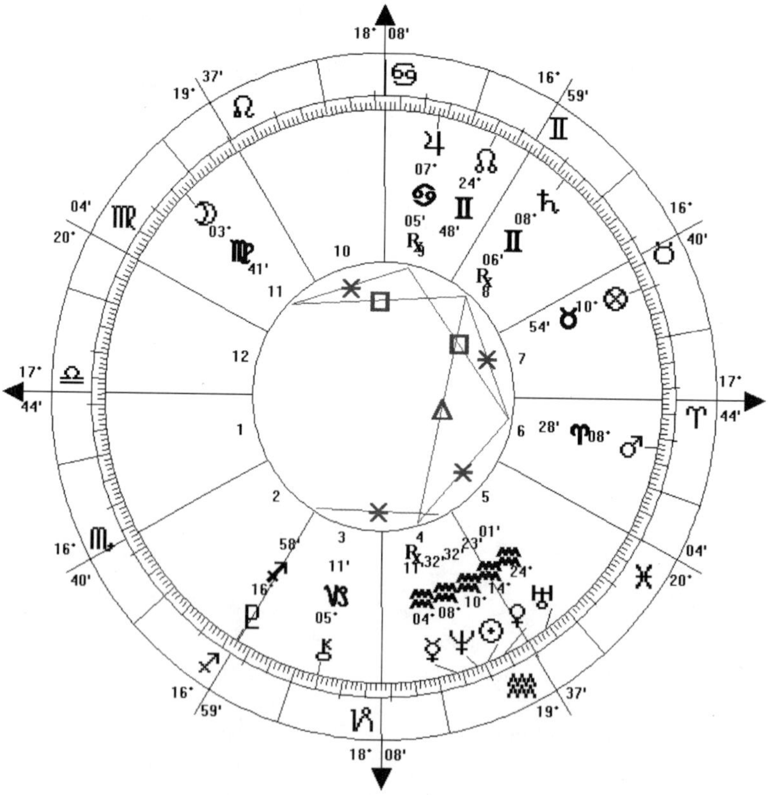

020130 占父病

時間：2002/01/30　PM22:33

某網友占父親健康！

解：

1. 命主金星三合四宮主土星，顯示本人憂心父親健康。

2. 看父親以四宮爲主，四宮主土星三合金星、太陽、海王星、水星，又刑火星。本身雖有些狀況但暫時無礙！但卦主月亮刑土星終究不利。

事實：網友父親血壓這陣子一直居高不下，換了好幾家醫院診治依然不見起色，故來占卦。建議他請中醫師診治。

020220
占討資遺費天星盤

020220 問討資遺費
Feb 20.2002
Keelung,Taiwan
16:08:38 PM CCT

ZONE:-08:00
121E44'00"
25N08'00"

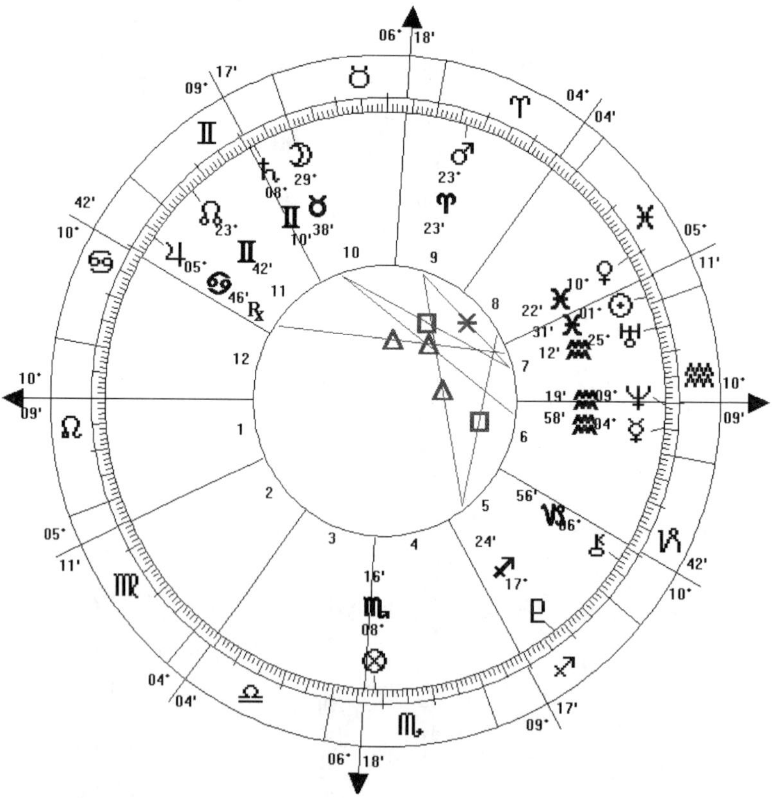

020220 占討資遣費

時間：2002/02/20 PM16:08

朋友因公司解散，欲向老闆索討資遣費，但老闆希望他繼續留任。故占問可否先要到資遣費再留任？

解：

1. 命主太陽近八宮三合八宮主木星，顯示當事人有求財之象。

2. 二宮主水星合海王星又三合六宮主土星，工作可保留但錢可能會減少。

3. 命主水星刑七宮主土星，留下來幫老闆也是很辛苦。

4. 十宮主金星居八宮刑冥王，公司倒閉之象。

5. 卦主月亮刑太陽、天王星，有不測之意外狀況。

綜合上述，還是建議趕緊向老闆索討資遣費再說。

020310
占寵物遺失天星盤

020310 問寵物遺失
Mar 10.2002
Keelung,Taiwan
19:35:36 PM CCT

ZONE:-08:00
121E43'00"
25N08'00"

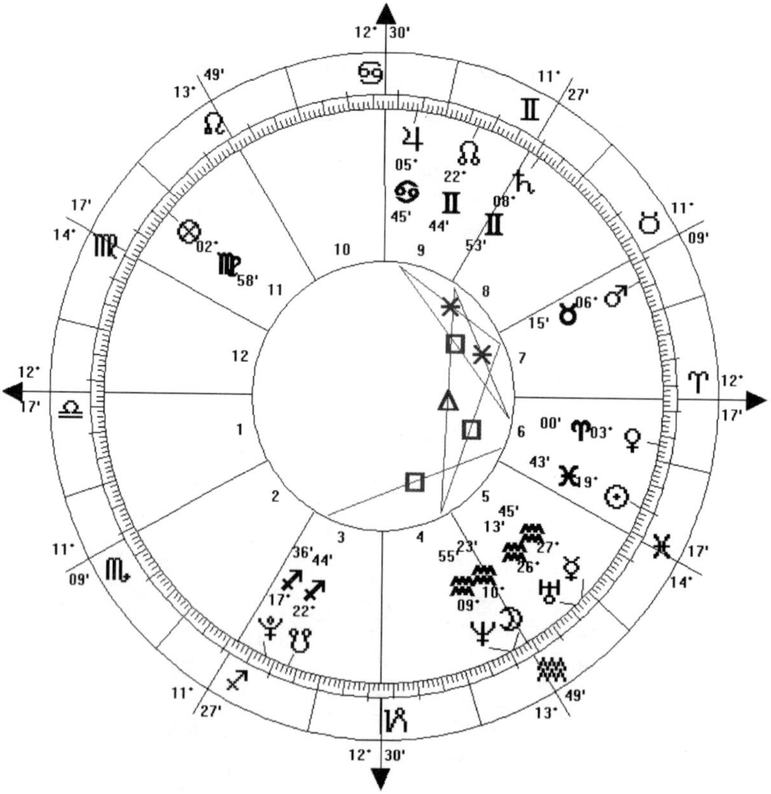

020310 占寵物不見了

時間：2002/03/10　PM19:35

網友占問：寵物走失可否尋回？

解：寵物一般以第六宮為主，宮主星木星居九宮六合七宮主火星，寵物可能已經被別人抱走了。卦主月亮刑火星又合海王星，找回的機會渺茫。

020314

占是否懷孕天星盤

020314 問是否懷孕
Mar 14.2002
Keelung,Taiwan
20:58:25 PM CCT

ZONE:-08:00
121E43'00"
25N08'00"

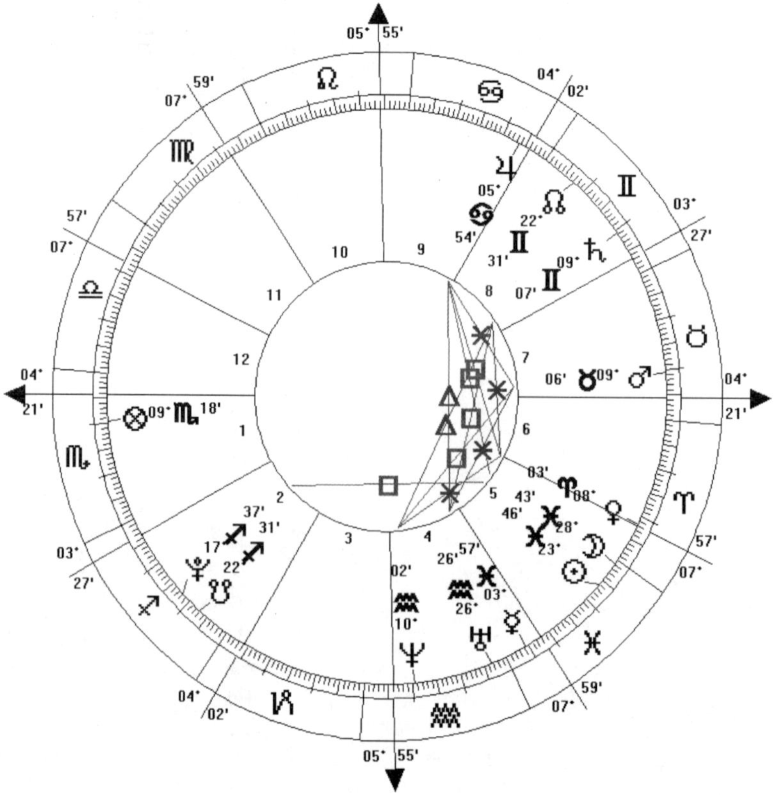

020314 占是否懷孕

時間：2002/03/14　PM20:58

某網友占是否懷孕了！

解：

1. 太陽合月亮卦主在五宮刑冥王星，並非吉兆。
2. 五宮主木星雖三合水星、六合命主火星，但刑卦主月亮，恐怕是空歡喜一場。

事實：據網友表示有懷孕跡象，但體質不好沒能留住。

020315

占遺失身份證天星盤

020315 問遺失身份證
Mar 15.2002
Keelung,Taiwan
02:23:25 AM CCT

ZONE:-08:00
121E44'00"
25N08'00"

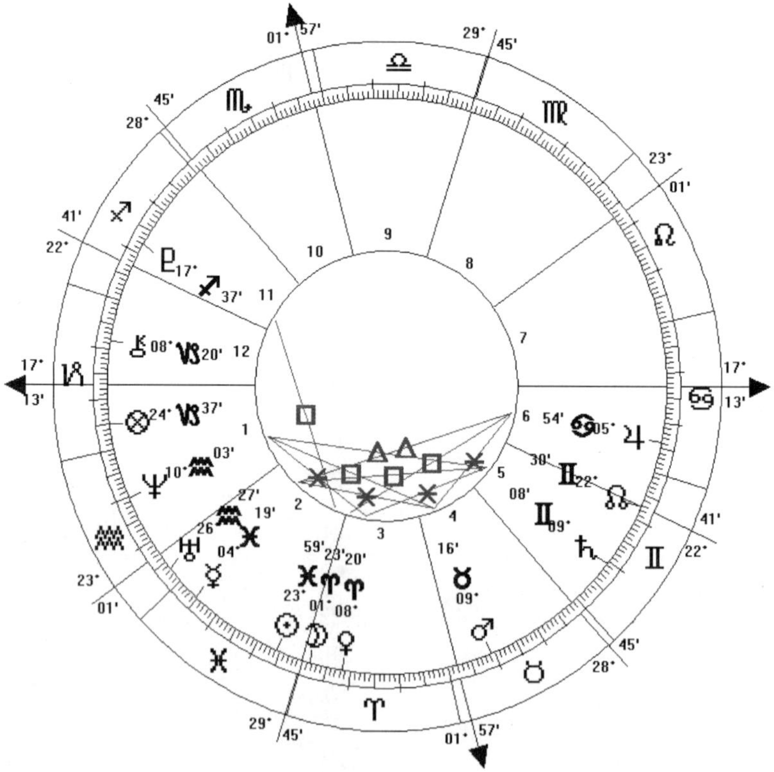

020315 占遺失身份證

時間：2002/03/15　AM02:23

占問：某人忘了將身份證收在哪裡，現在急需身份證來影印副本，請問身份證在哪裡？

解：第三宮爲文書契約，宮主星木星位於第六宮，顯示證件還在家中。且卦主月亮與木星相刑，判斷應該可以找到。

目前命主星土星三合海王星，可能一時忘了放在哪裡，不久應該可以找到。

結果：於三月十七日日在家中櫃子內找到。

020316
占合夥投資天星盤

020316 問合夥投資
Mar 16.2002
Keelung,Taiwan
17:19:22 PM CCT

ZONE:-08:00
121E43'00"
25N08'00"

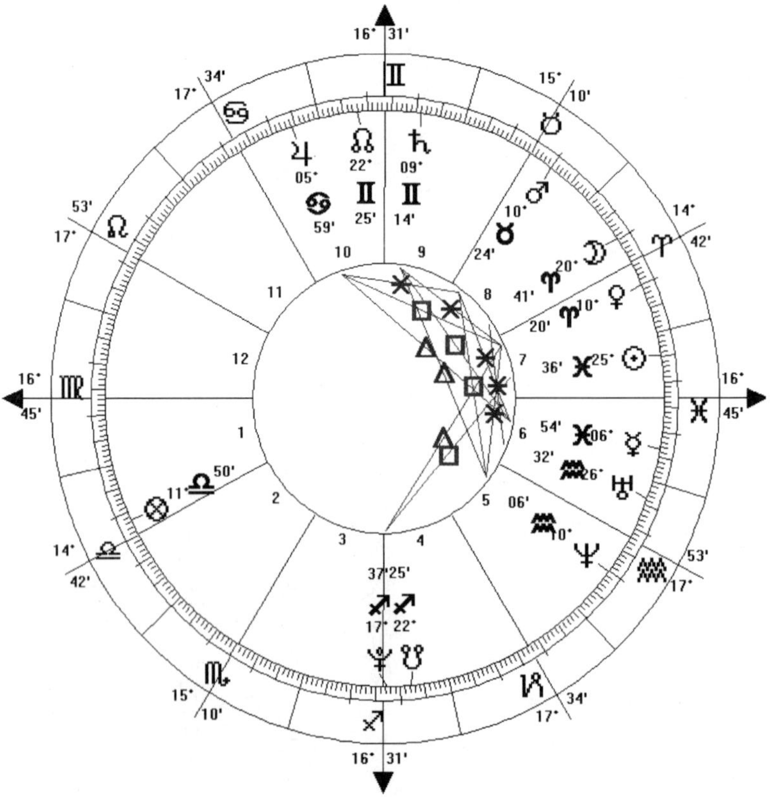

020316 占合夥

西元 2002/03/16 PM17:19 陰曆91年2月3日

網友占問：與一位男性友人談合作，我出錢、他出力，營造業土木工程 100~200 萬的合作案，目前在考慮中！

解：占問合夥投資不外乎求財，二宮主金星位居七宮，對方需要你的錢。金星又刑木星，投資的金額可能不小！問題是五宮主土星位居天頂附近刑命主星水星，投資似乎不利於本人，故不建議。

020319

占感情天星盤

020319 問感情
Mar 19.2002
Keelung,Taiwan
02:41:37 AM CCT

ZONE:-08:00
121E43'00"
25N08'00"

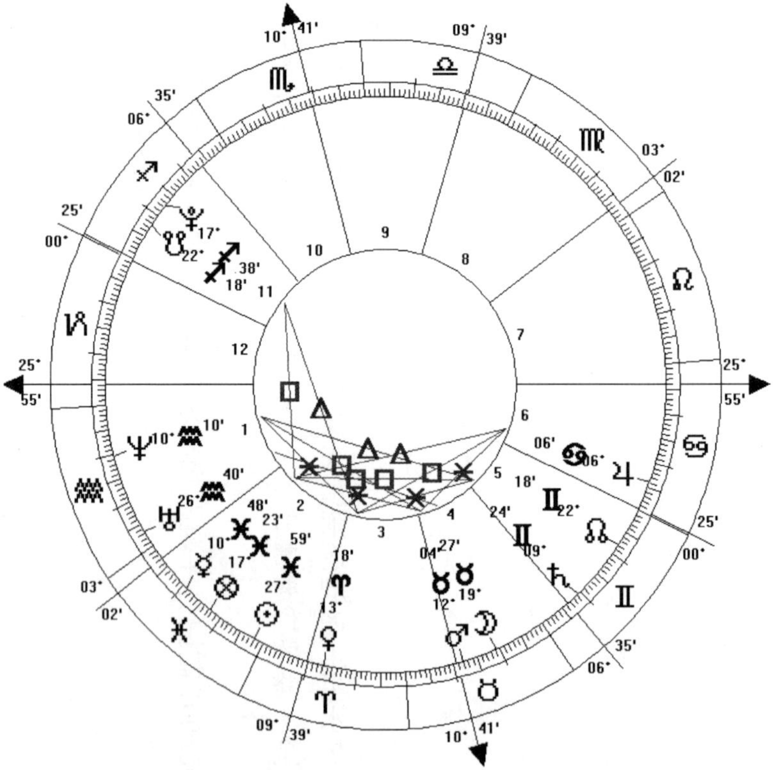

020319 占感情

時間：2002/03/19　AM02:41

某女性網友來信問：對一位朋友有點感覺，請問有機會發展嗎？

解：

1. 命主土星居五宮三合海王、六合金星，本人想談戀愛。

2. 七宮卦主月亮合火星又刑天王星，對方可能心有所屬。

故推論二人的戀愛機會不高。

020319

占合夥開店天星盤

020319 問合夥開店
Mar 19.2002
Keelung,Taiwan
11:15:17 AM CCT

ZONE:-08:00
121E44'00"
25N08'00"

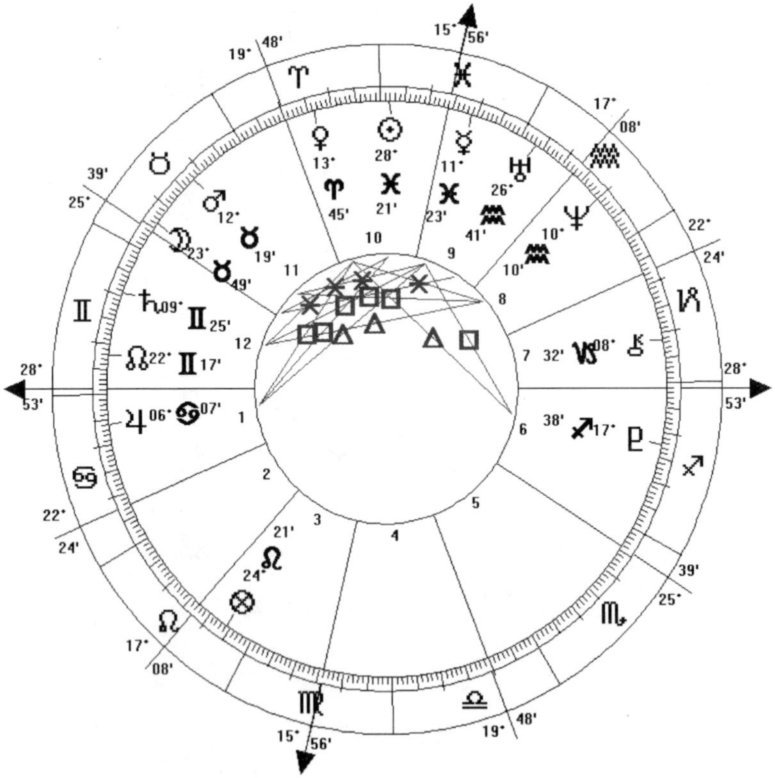

020319 占合夥開店

時間：2002/03/19　AM11:15

板橋阮小姐來電占問與朋友合夥開服飾店可否？

解：命主星水星入九宮，三合七宮主木星，顯示二人是好朋友，而且開店地點離阮小姐有點遠！

命主水星刑土星、冥王星，本人目前運勢不佳！

卦主月亮刑天王星，開店可能有意外狀況無法掌控！

綜合上述判斷，不建議此合夥案。

事實：該店位在宜蘭，對阮小姐而言的確是有點距離，況且她身邊有年幼子女，無法每天通車前往！

020320

占今年可否懷孕天星盤

020320 問今年可否懷孕
Mar 20.2002
Keelung,Taiwan
14:30:34 PM CCT

ZONE:-08:00
121E43'00"
25N08'00"

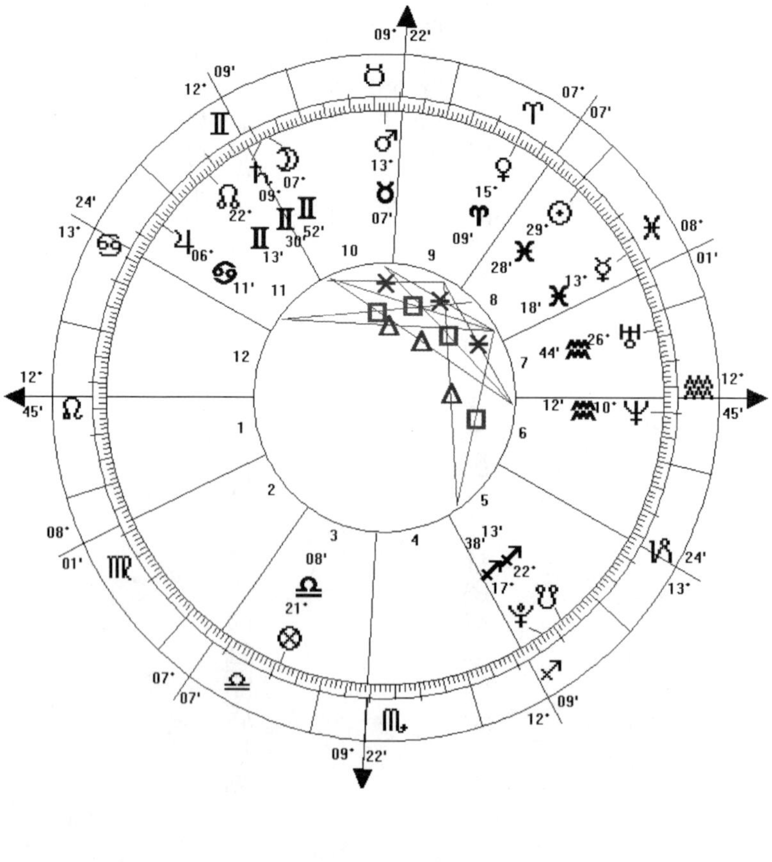

020320 占今年可否懷孕？

時間：2002/03/20　PM14:30

某網友占今年可否懷孕？

解：

1. 冥王星居五宮刑水星。

2. 五宮主木星刑命主，子女緣分不佳。

3. 卦主月亮合土星……希望不高！

020405
占問工作天星盤

020405 問工作
Apr 05.2002
Taipei,Taiwan
00:54:25 AM CCT

ZONE:-08:00
121E43'00"
25N03'00"

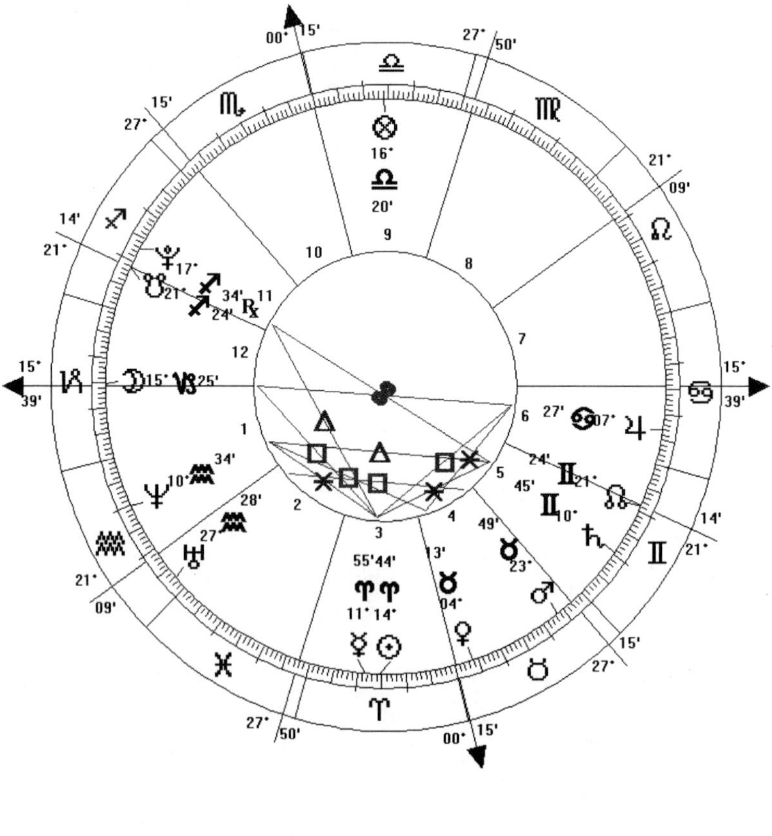

020405 占問工作

某人於昨日參加面試，占問錄取否？

時間：2002/04/05 AM00:54

解：

1. 占問工作以六宮主爲用神，宮主星水星入三宮，可能與業務行銷有關。

2. 談面試要看一宮與七宮的關係，七宮主月亮雖然合命度，卻刑三宮的太陽與水星，顯示二人的觀念無法溝通。

3. 卦主月亮又刑六宮主水星，面試可能沒那麼順利。

事實：該工作是一事務機器推銷，面試後一直沒有訊息，應該是沒希望了。值得一提的是，命主在問卦後不久，父親檢查出肺癌入院開刀，這似乎也和盤中火星入**四宮**刑天王星相呼應！

020411

占問房子得否售出天星盤

020411 問賣屋
Apr 11.2002
Keelung,Taiwan
13:51:54 PM CCT

ZONE:-08:00
121E44'00"
25N08'00"

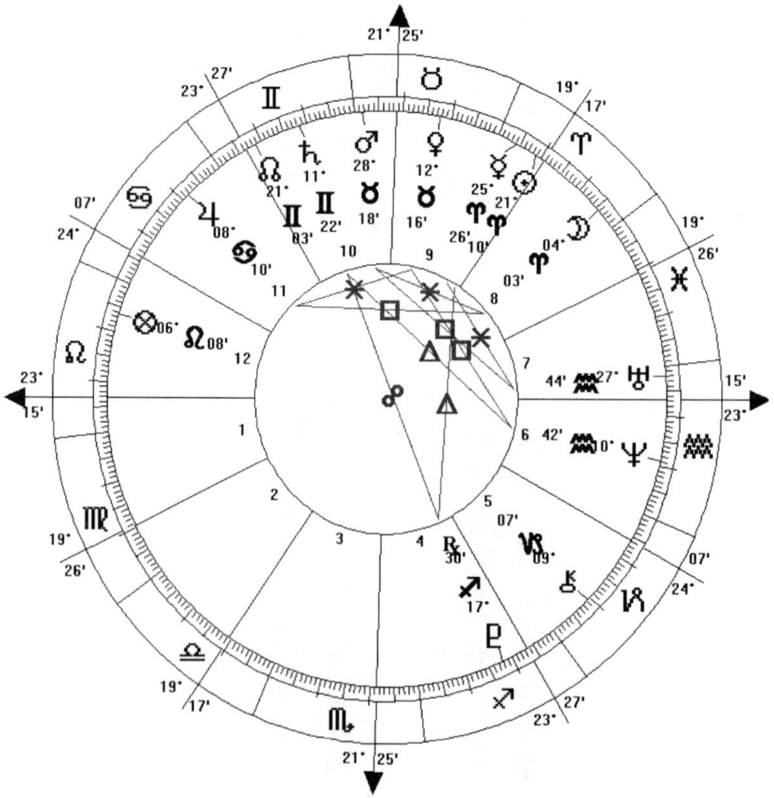

020411 占問房子得否售出

時間：2002/04/11　PM13:51

房子賣得掉嗎？目前有位買主正在考慮中，但因爲價錢問題遲遲未決。

解：

1.命主太陽合二宮主水星入九宮，爲錢想搬家！

2.七宮主土星衝冥王星三合海王星，且天王星居七宮刑火星，對方的問題也很多，能否賣成充滿變數。

3.卦主月亮入八宮刑八宮主木星，要得對方的錢還是有些機會！雙方價格有差距，只要屋主願意儘速降價就有成交機會，若堅持己見，則對方可能會變卦！

事實：目前被貸款壓到喘不過氣來，急於出售，賣了很久一直沒賣成，買主一再要求降價，目前的價格已經很低，扣除貸款與利息，所剩無幾了！

020412

占籃球比賽勝負天星盤

020412 問籃球比賽勝負
Apr 12.2002
Keelung,Taiwan
19:24:00 PM CCT

ZONE:-08:00
121E44'00"
25N08'00"

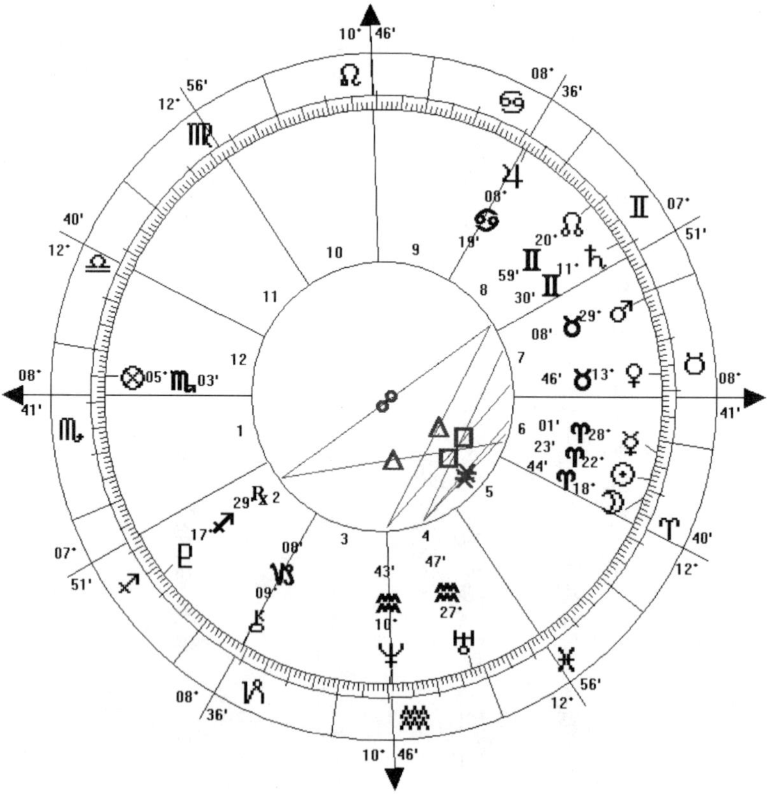

020412 占籃球比賽勝負

西元 2002/04/12　PM19:24　　陰曆91年2月30日

某人占問：明天班際籃球比賽是否會勝利？

解：

1. 判斷比賽勝負，個人以爲需看雙方氣勢，氣勢強的一方自然勝算較大。

2. 命主火星飛入七宮刑天王星又弱陷，本身氣勢極弱。

3. 七宮主金星雖然也是刑海王星，但是居金牛座視爲廟旺，故勝算較大。

4. 卦主月亮雖三合冥王星，但無益於比賽！

5. 雙方實力皆不算強，但是對方氣勢實力勝過我方，故判斷爲輸！

事實：比賽結果輸12分！

020416
占問投資房地產天星盤

020416 問投資房地產
Apr 16.2002
Keelung,Taiwan
00:52:03 AM CCT

ZONE:-08:00
121E43'00"
25N08'00"

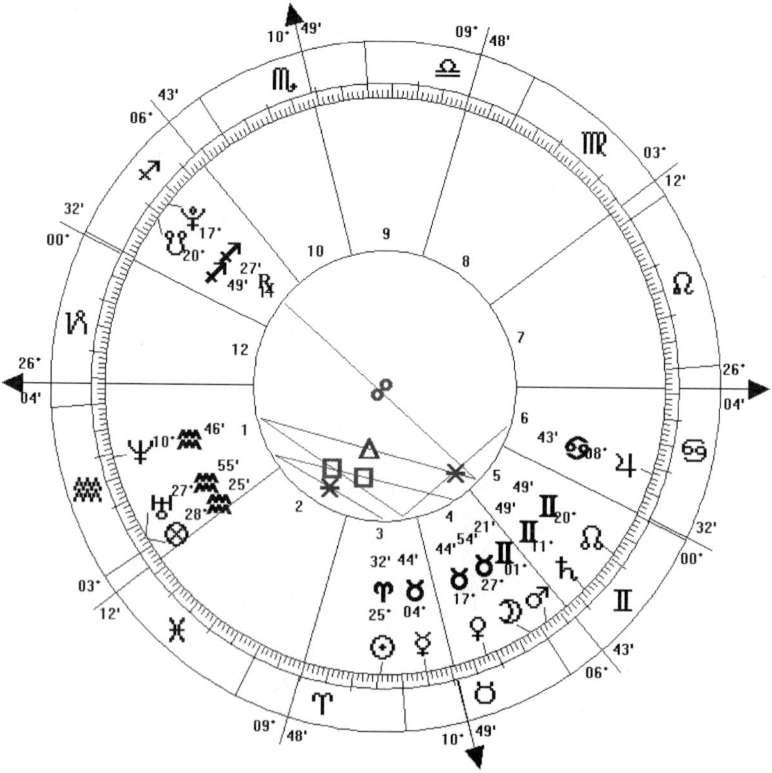

020416 占問投資房地產

時間：2002/04/16　AM00:52

某人占問與人合夥投資房地產，可否獲利？

解：

1. 命主土星入五宮三合海王星，對投資存有幻想與夢想。

2. 與人合夥看七宮，七宮主月亮入四宮合火星又刑天王星，顯示日後合夥關係將會生變！

3. 財帛宮主木星六合水星，顯示該投資還是有利可圖！

綜合以上判斷，建議當事人謹慎選擇合夥人，短期投資或可獲利，但若選錯合夥人則可能弄巧成拙！

020425

占問女兒遺失書包天星盤

020425 問女兒遺失書包
Apr 25.2002
Taipei,Taiwan
21:49:00 PM CCT

ZONE:-08:00
121E43'00"
25N03'00"

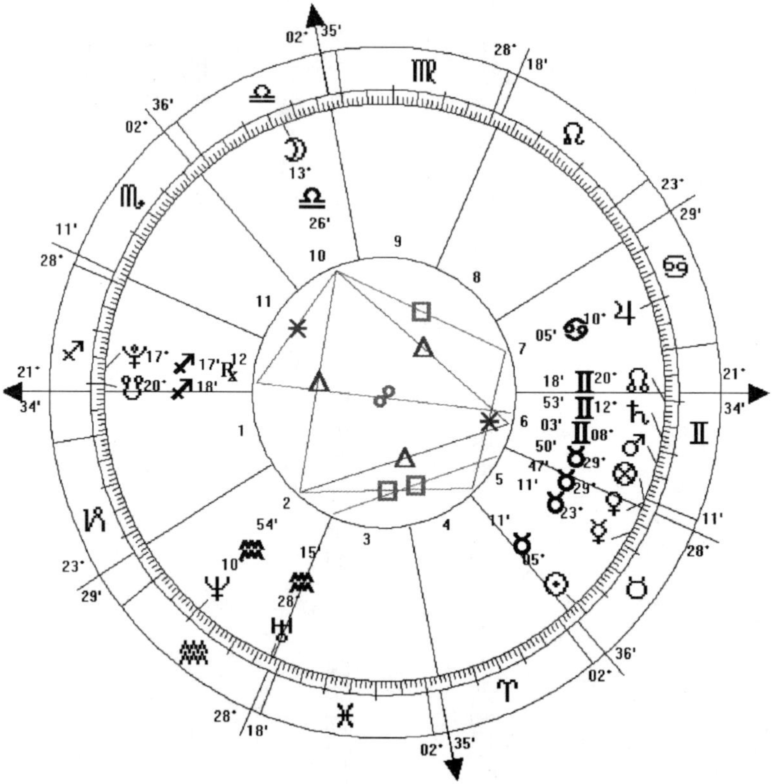

020425 占問女兒遺失書包

時間：西元 2002/04/25　PM21:49　陰曆91年3月13日

網友占問今天傍晚時分，老婆騎機車到學校接國二的大女兒，順便幫大女兒的吉他也帶去，隨後又載大女兒去樂器店學吉他。

到了樂器店，心想背著書包進去太麻煩了，就把書包放在機車踏板上，安全帽也放在書包上，結果上完課出來，書包不見了！怎麼也想不到有人會偷書包，書包找得回來嗎？我女兒自占一卦，如下

解：

1. 失物以二宮爲觀察重點，海王星正好顯示此象。

2. 二宮主土星三合海王又衝冥王又合火星，均爲不利之兆。

3. 命主木星在七宮刑卦主月亮，顯示東西已經被人拿走了。

從此卦看來要找回的希望渺茫！

事實：很久沒消息，應該是找不回了！

020506

占問遺失鑰匙天星盤

020506 問遺失鑰匙
May 06.2002
Taipei,Taiwan
22:40:00 PM CCT

ZONE:-08:00
121E30'00"
25N03'00"

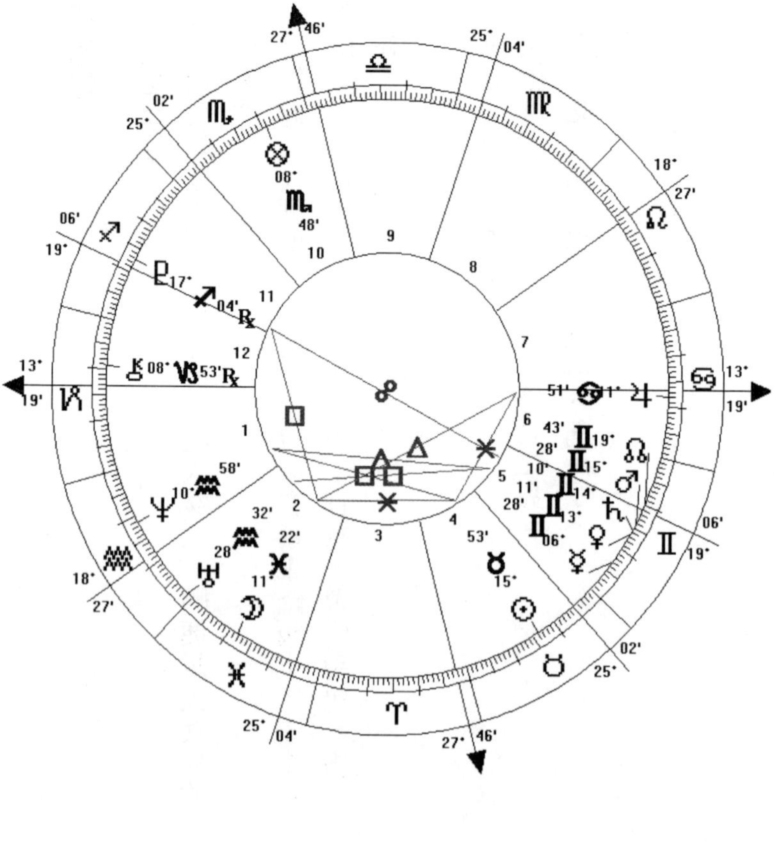

020506 占問遺失鑰匙

西元 2002/05/06　PM22:40　陰曆91年3月24日

網友問：今晚回家時找不到鑰匙，明早想去找不知找得回來嗎？

解：

1. 占失物以二宮爲主，今二宮主土星合火星又刑冥王星，是不祥之兆。

2. 卦主月亮居二宮又與土星、冥王星相刑，應該是找不回來了。

3. 天王星居二宮，可能還有破財之兆。

事實：的確沒有找到，只好重新再打一副，過程中又弄壞機車後照鏡，額外再破一筆小財。

020513

占懷孕胎兒性別天星盤

020513 問胎兒性別
May 13.2002
Keelung,Taiwan
01:57:32 AM CCT

ZONE:-08:00
121E44'00"
25N08'00"

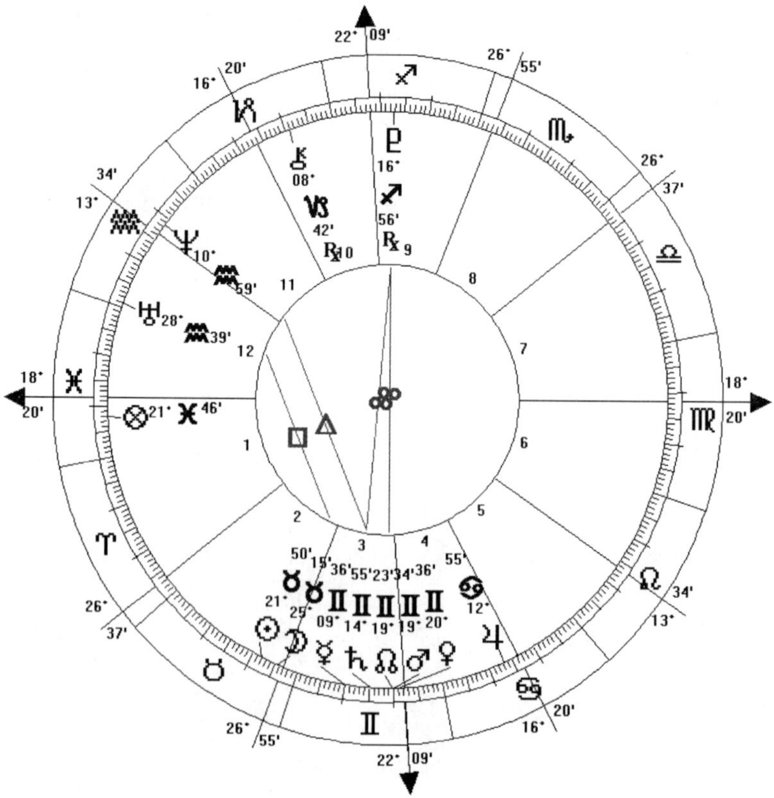

020513 占懷孕胎兒性別

時間：西元 2002/05/13 AM01:57

網友問：我妹懷胎了，我幫她占一卦問男女性別。

解：

1. 五宮主恰爲卦主月亮居酉宮，故判斷此胎兒爲女胎。

2. 月亮合太陽卻被天王星所刑，須留意母親在懷胎的過程及胎兒的健康。

網友回覆：今早問我妹，早就照了超音波，是女生！我會跟小妹說要多注意安胎的！

020607
占樂透天星盤

020607 問樂透
Jun 07.2002
Keelung,Taiwan
17:30:56 PM CCT

ZONE:-08:00
121E44'00"
25N08'00"

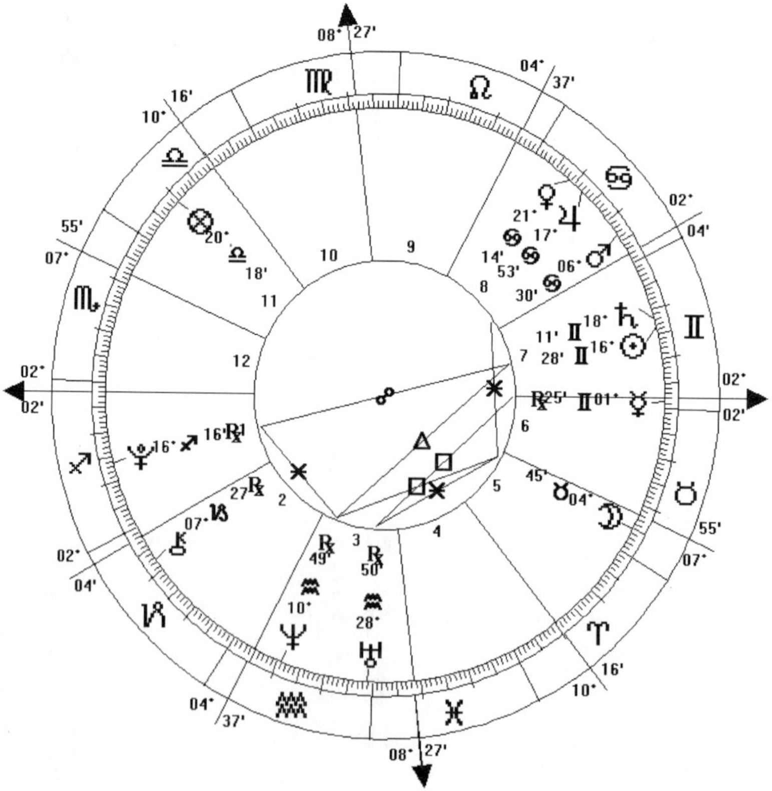

020607 占樂透

時間：西元 2002/06/07 PM17:30

今天下午朋友提醒我還沒買樂透，此時外面在下雨，有點懶得外出，心想起個卦看有無財運再買，得到下列之卦。

解：五宮主火星入八宮六合八宮主月亮，命主木星又合金星在八宮，應該有偏財運。

事實：一見此卦，我二話不說穿上雨衣往外衝，平常總是小買 200 元，今天加碼購買一千元，當晚開獎，中二張四星。

020616
占胎兒性別天星盤

020616 問胎兒性別
Jun 16.2002
Taipei,Taiwan
19:29:39 PM CCT

ZONE:-08:00
121E30'00"
25N03'00"

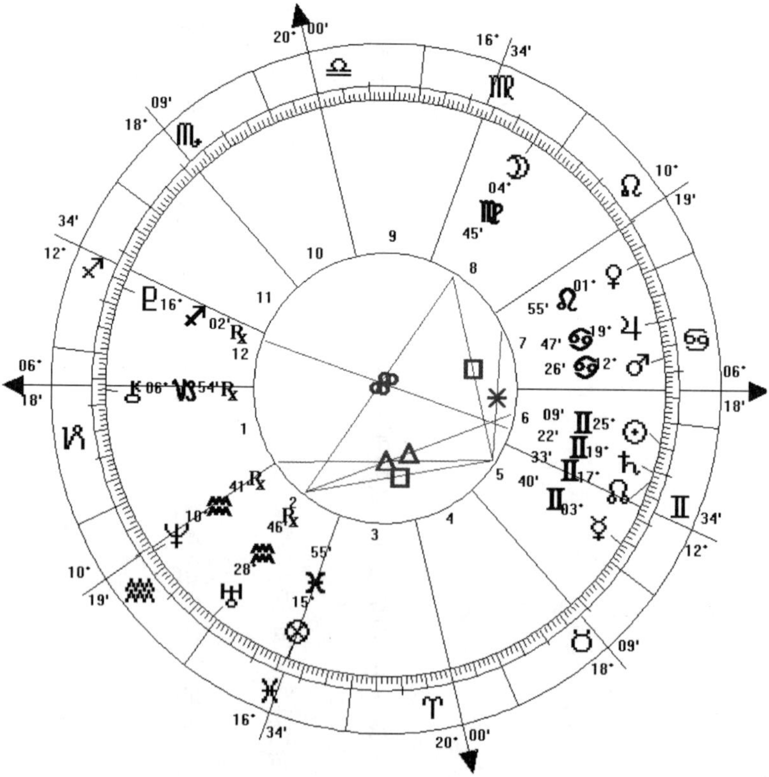

020616 占胎兒性別

時間：2002/06/16　PM19:29

女客問已懷孕兩個月，胎中嬰兒是男是女？

解：占胎兒以五宮爲主，五宮主金星飛入獅子座，爲陽性星座，故應爲男嬰。

事實：2002/09/05 回應：檢查的結果，胎兒是男生！

020821
占問病情天星盤

020821 問病情
Aug 21.2002
Taipei,Taiwan
17:25:00 PM CCT

ZONE:-08:00
121E30'00"
25N03'00"

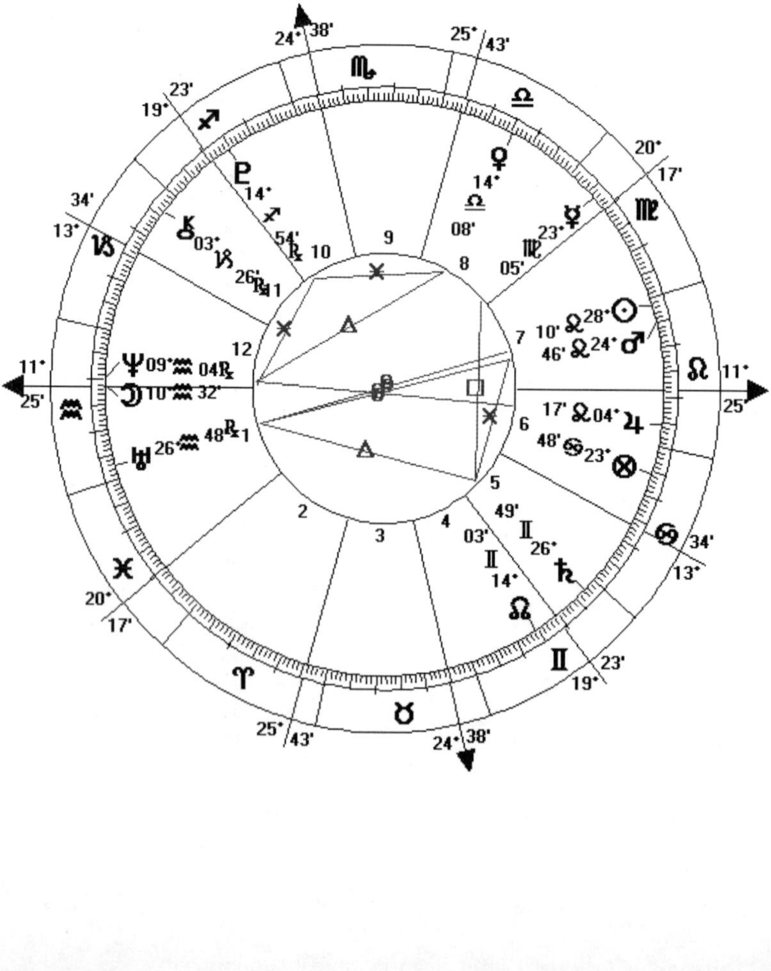

020821占問病情

時間 2002/08/21　PM17:25

網友占問：上星期腳受傷，被誤診為小擦傷，這兩天發炎起膿包疼痛不能走路，今早去看醫生竟得到不妙的答案，我中、西醫都看了，請問近期腳可以好嗎？

解：

*1.*火星和太陽衝天王星，應為意外傷害。且火天持續對衝，短期間內傷勢可能更趨嚴重。

*2.*卦主月亮合命度衝木星，顯示病情可能還會持續。

網友回應：

上星期四(八月十五日)晚上九點半過後莫名其妙被車撞，昏迷不醒，經路人報警送醫判為腦震盪、頭蓋骨骨折、顏面挫傷、腳踝受傷感染，傷口沒醫好，轉變成蜂窩性組織炎。八月二十二日下午去換藥，醫生用剪刀把我的皮肉剪掉一層，好把死掉的組織及膿包清理乾淨，這應該也算「開刀」吧！

021230

占失物天星盤

021230 問失物
Dec 30.2002
新竹
11:43:00 AM CCT

ZONE:-08:00
121E58'00"
25N48'00"

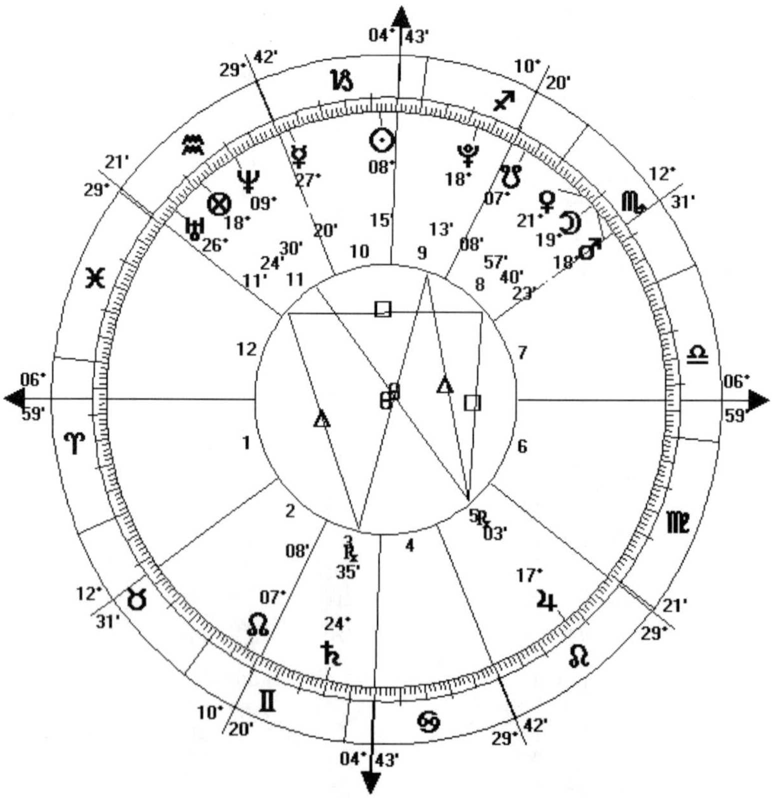

021230 占失物

時間 2002/12/30 AM11:43

這是網友提供的卦例，占問：flash drive 大拇哥在哪裏？剛在找，找不到，如果找不到，和老闆 meeting 時就糗大了，因爲那是實驗室的財產，買沒多久……，是放在桌上被人拿走，還是我帶回家忘了帶來？

解：

1. 只要是有價值的東西，我都定位爲財，這與六爻卦占失物是一樣的。所以此失物我以二宮主爲用神。

2. 二宮主金星與命主星火星合在第八宮，恰巧卦主月亮也合在一起，因此推斷此物應該在西南方的櫥櫃、抽屜或陰暗處可以找到。

事實：在宿舍的外套內袋找到了。宿舍在實驗室的西方，內袋正是隱藏之處。

註：flash drive 就是新的硬碟技術，用半導體的方法製造傳統硬碟是用步進馬達做的囉。

030217

占工作天星盤

030217 問工作
Feb 17.2003
Taipei,Taiwan
13:26:46 PM CCT

ZONE:-08:00
121E30'00"
25N03'00"

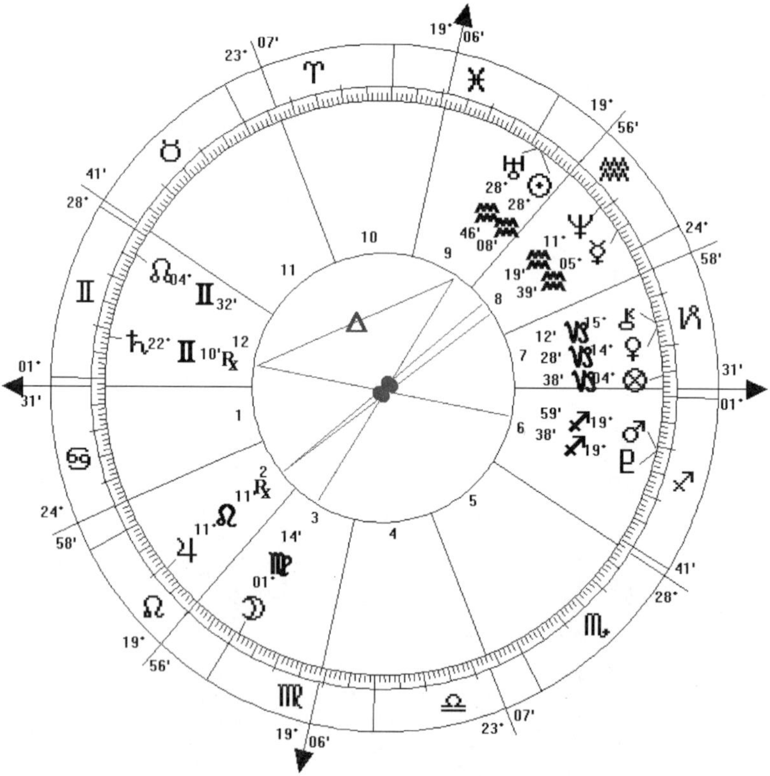

030217 占工作

時間：2003/02/17　PM13:26

某網友來信占問：男友已失業半年多了，問他總是說找不到工作，因此我才會問上述問題，且我們已交往五年了吧，他這樣沒工作沒收入，怎麼能結婚呢？不可能想要我養他吧？想問男友是否眞有心或無意找工作？若有心何時才會有工作？若無意是爲了什麼？及對我們倆未來是否有規劃？

解：

*1.*占問男友，以夫妻宮爲主，宮主星土星在十二宮，所以你的男朋友工作運不是很好！

*2.*以轉盤論，其十宮主水星合海王星在八宮，顯示他要找待遇好的工作，加上他的事業運目前正逢低潮，沒有事業企圖心！建議他不妨先找個服務業或勞動工作試試，騎驢找馬總比待在家裡好！

*3.*另外，你自己最近須小心交通問題或是人際溝通問題。

網友回覆：

誠如您所言，沒有事業企圖心，總算可以了解他的心態了。唉！沒有企圖心，我也沒法度了！難怪我總覺得男友好像在混吃等死，而之前總是三番二次告訴他先隨便找一個工作來做，講多了又怕他會嫌我囉嗦，但看在眼中又很難過，不知道他這樣要持續多久？

咦！也可看出我的運勢啊！最近倒是花不少鈔票修車子去了！也有一個較複雜的案子要去跟人溝通，希望這個案子能早日結束。我是從事代書業助理（也算服務業）。再次謝謝潘老師！

筆者按：

本卦命度剛好位於未宮三度以內，若照國外占星書所云：當 Ascedant 落在星座的前三度之內，表示問題問的太早了，還有些事還沒出現，因此難以獲得答案。

但是，本卦解題，根本不受此影響，可見「當Ascedant落在星座的前三度之內，表示問題問的太早了，還有些事還沒出現，因此難以獲得答案」的論點不盡全然。

030225

占運勢天星盤

030225 問運勢
Feb 25.2003
Taipei,Taiwan
10:54:00 AM CCT

ZONE:-08:00
121E30'00"
25N03'00"

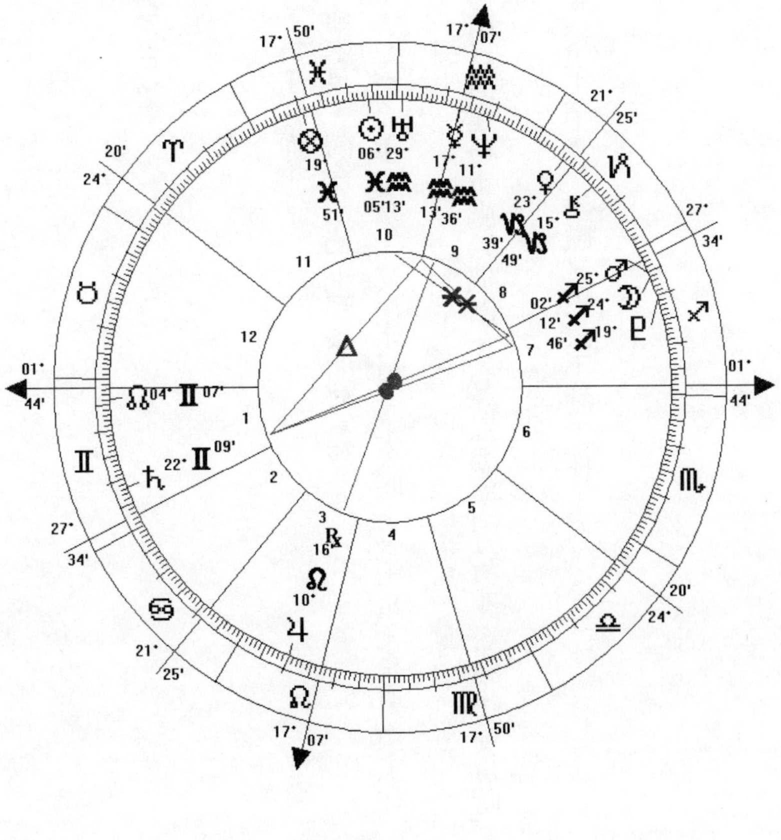

030225 占運勢

時間：2003/02/25　AM10:54

某女來電占問運勢？

解：

1. 命主飛入十宮天頂，爲工作而來。
2. 命主水星合海王星衝木星，前途茫茫不知該如何是好。
3. 九宮主土星入命宮，三合命主水星，又衝火星、太陰、冥王星，想要換工作卻又有心無力！
4. 太陰受剋嚴重，顯示目前運勢正處於低潮，心情低落，宜放開心胸，等待時機來臨！

事實：心情很糟糕，凡事不順，想離職又怕找不到工作！

030301

占感情復合天星盤

030301 問感情復合
Mar 01.2003
Keelung,Taiwan
20:49:34 PM CCT

ZONE:-08:00
121E44'00"
25N08'00"

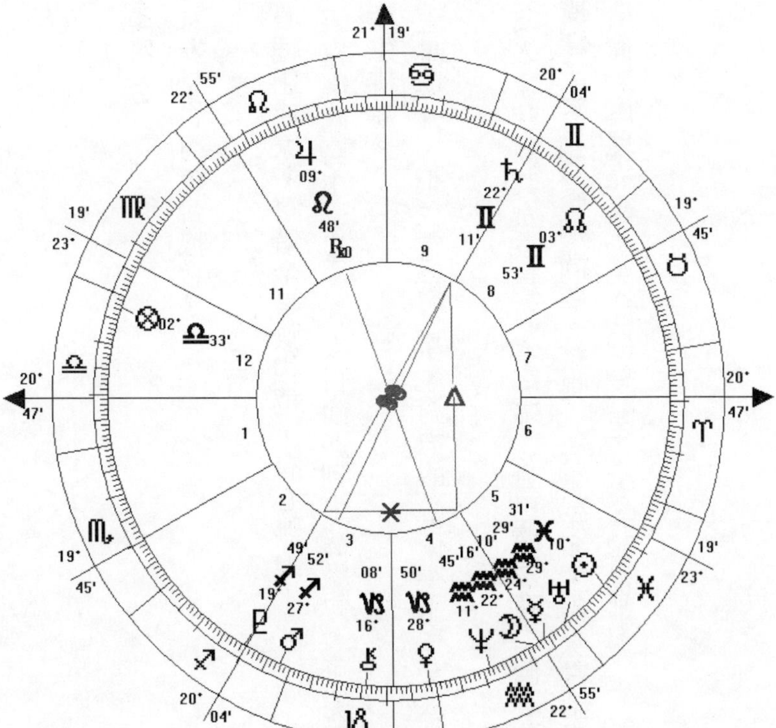

030301 占感情復合

時間：2003/03/01　PM20:49

友人阿生來店占問與女友是否有復合機會？

解：

1.命主金星入四宮，心裡想成家。可惜金星無相位，有心無力！

2.對方七宮主火星入三宮衝四宮主土星，對方目前遇到生活壓力，可能有事耽擱走不開，也可能對成家產生排斥。

3.火星六合五宮主天王星與九、十二宮主水星，對方的心根本不在友人身上，而在他人身上。

事實：經筆者分析，友人才吐露其女友爲有夫之婦，且已經生育二個小孩，日前其女友告訴他要回花蓮處理子女以及婚姻問題，結果一去半年多，幾次電話跟催，對方總是說有苦衷以及事情尚未處理完畢，至今已近一年，未有消息！

030313

占六合彩天星盤

030313 問六合彩
Mar 13.2003
Keelung,Taiwan
17:17:33 PM CCT

ZONE:-08:00
121E44'00"
25N08'00"

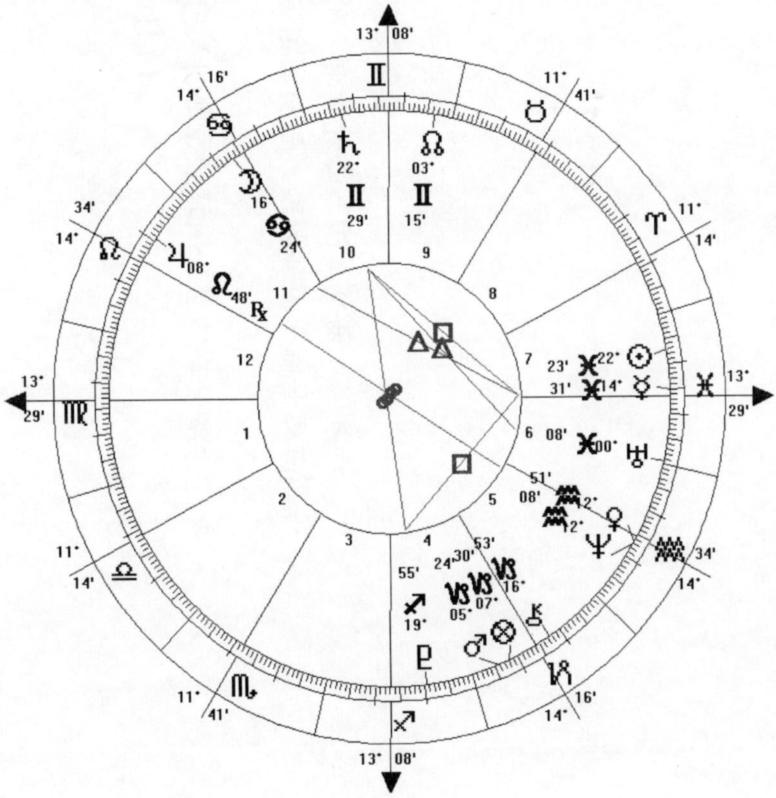

030313 占六合彩

時間：2003/03/13　PM17:17

友人邱姐得到某人提供之六合彩明牌，占問會否中獎？

解：

1. 五宮主土星高掛天頂衝冥王星，楣運當空，要中獎也難！

2. 五宮主土星也刑命主水星與太陽，要中獎難上登天！

事實：果然連一個數字也沒中！

030401

占姻緣天星盤

030401 問姻緣
Apr 01.2003
Keelung,Taiwan
17:22:56 PM CCT

ZONE:-08:00
121E44'00"
25N08'00"

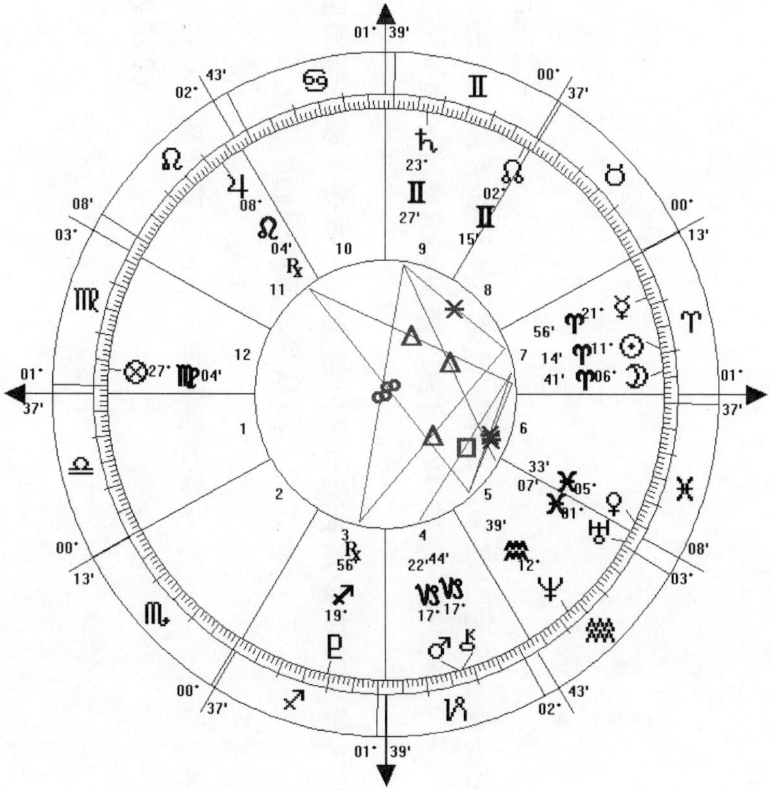

030401 占姻緣

時間：2003/04/01　PM17:22

友人小玲自台中來電占問：心儀一位男士，是否與他有緣？

解：

*1.*命主金星合五宮主天王星，內心渴望愛情突然降臨。

*2.*可惜七宮主火星居四宮刑太陽和水星，且與命主金星根本沒有任何交集，對方內心只有事業，根本無視女方存在！

*3.*海王星入五宮衝三宮主木星，對愛情充滿期待與幻想，但卻不敢表達！

事實：經過詢問，才知道男方是女方的牙科醫師，雙方只是醫病關係，女方也只是心儀，並不敢表達內心愛意！

2004
國運預測（台灣篇）天星盤

R.O.C
Mar 01.1950
Taipei,Taiwan
00:00:00 AM CCT

ZONE:-08:00
121E30'00"
25N03'00"

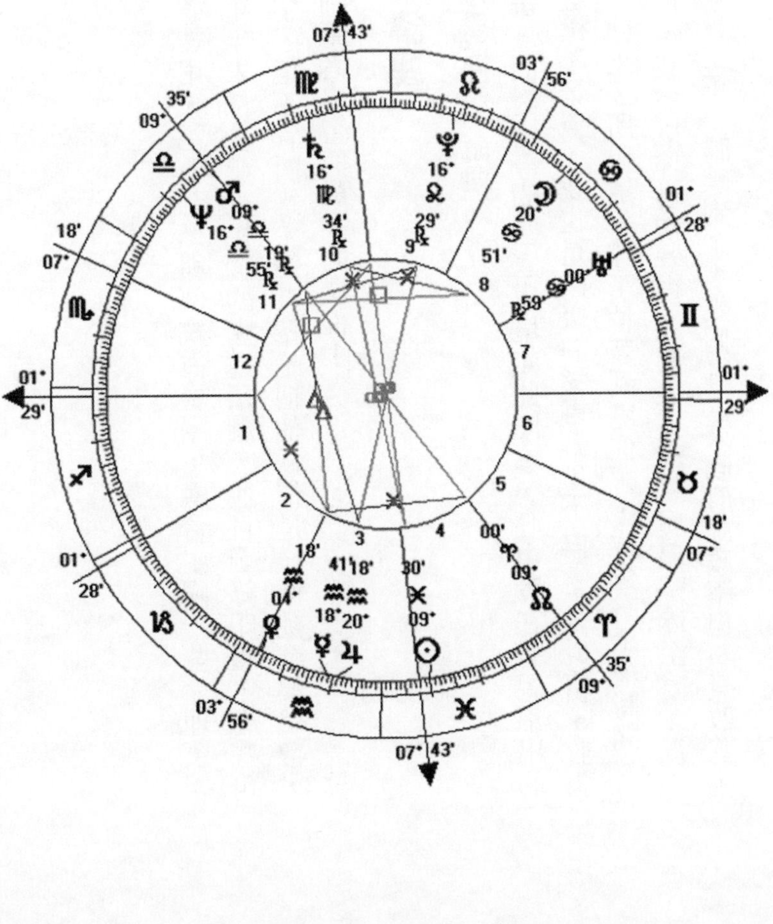

附錄

以下幾篇文章，是筆者運用天星卜卦學與傳統占星學，融合中國一些命理所組成的國運預測，筆者在每年年末都會發表相關的國運預測，並且記錄印證！有些可精準命中，有些則是沒猜中，但不管對錯，筆者總是把他當作是一種挑戰與學習，也許讀者可以從文中觀摩到筆者學習與成長的過程！

不負責「國運預測」講座

（2000/12/29 發表於 DESTINY 命理網）

身為中華民國的一份子，面對當今的國家處境如此悽慘，心中實在有說不出的痛苦，個人從事廣告業，經濟不景氣，我也是直接的受害者，不但廣告CASE、收入銳減，更有許多帳款都收不回來，所以這一陣子忙著到處催帳，鮮少有上網時間。

今年年中的八掌溪事件，我曾以坤卦初爻為題發表一篇《履霜堅冰至》，很不幸，我所擔心的事情都一一發生了！瞎矇到了！幾個月下來政府施政不但不見改善，反而更糟！如此下去，我眞的很擔心台灣的未來，因此，拿出壓箱的中華民國命盤來仔細端詳，以占星爲主軸，加上九宮八卦以及個人所學胡亂湊出明年的國運分析自娛一番。我必須強調，我是人不是神，礙於個人所學有限，不敢作權威式的預測，故只能冠上「不負責」三字來規避責任，不管是僥倖說中或是說不中，各位同好就當作是我自己瞎說好了，聽聽就算了，不要當眞喔！

個人還是以國民黨政府在1950年3月1日凌晨00：00宣布政府在台北成立的時間爲中華民國生辰，所以命盤以此爲中心，請各位朋友參考：

大約是從1996年開始，**冥王星**進入了中華民國的命宮，從這一年起，我們的國家開始慢慢產生本質的改變，「中華民國」受到質疑，國歌、國旗歌慢慢消失了！本來以中國正統自居的中華民國，曾幾何時從「中華民國在台灣」慢慢地變成「台灣」（中華民國不見了！）。象徵滅亡及死後再生的冥王星在中華民國的命宮還要待上十年以上，十年後的中華民國眞不知道還在不在？

同樣也大約是1996年，象徵混亂、革命與變動的**天王星**進入了中華民國的第三宮，人民開始可以容忍與接受遊行抗議，集會遊行不再是「亂黨」，因此大家不管合不合法都可以集會遊行，這段時間，天王星影響了代表議會的金星（十一宮主）、代表人民的木星（命主）和代表最高政府權力機構的水星（十宮主），因此政府、立法院和人民都不斷上演脫序行爲，台灣正式進入「亂」的時代！

西元 1999-2000 年，**冥王星**在中華民國的命宮刑天頂，2000 年 3 月代表**革命**的**天王星**正巧合代表最高政府權力機構的水星（十宮主），中華民國的政府就這麼換成了綠色執政。問題是天王星在這段期間一直離不開代表最高政府權力機構的水星（十宮主）及代表人民的木星（命主），所以政府、國家也就這麼一直亂下去！接下來 2001 年底還要大選耶！看樣子，要等到 2002 年天王星遠離以後國家才會安定些吧！（怎麼辦！還要亂一年耶！）

1998-2000 年，象徵挫折、困難、悲苦的**土星**就徘徊在中華民國的第六宮，中華民國生病了！中華民國的勞動生產力也慢慢消失了！2000 年木星和土星在此會合，倘若政府把握住機會，也許這是一個改造中華民國體質與生產環境的絕佳時刻，可惜政府和立法院忙於惡鬥而錯失良機，造成今日的產業嚴重外移！

2000 年五月，當大家寄望新政府有大好作爲時，木星和土星卻正在刑著代表最高政府權力機構的水星（十宮主）及代表人民的木星（命主），危機與轉機的關鍵時刻在此，可惜沒遠見的新政府和政黨看不到，機會就這麼流失了！而 2001 年台灣加入 WTO，又不知要有多少人失業！

2001 年上半年，木星在中華民國第七宮徘徊，看來中共還是站在幸運的一邊，被迫三通可能是無法避免的，不過下半年開始，土星也進入第七宮，中共可能也會面臨一些經濟或內政上的挫折，說不定還會有一些政治上的變革，不過我們也不要高興的太早，我們也好不到哪裡去，外交以及兩岸問題也都會顯現，也許在二月左右，中共又要再度施壓了！

如果你問我，經濟會不會好轉？我想上半年會有一些短暫的榮景吧！下半年就……反正，大家都知道政治不安定，經濟就好不起來囉！

我比較擔心的是海王星也進入第三宮，咱們的國會又不知要混亂多久，而人民也不知還要無奈消極多久！

三月份，火星合冥王星在命宮衝木星，希望不會有意外事件發生。12 月也要留意。還有今年五黃到坤，農民要受苦了！我擔心會有流行疾病發生，水災土石流應該也是免不了的，大家多加珍重吧！希望我說的都不會發生。

以上純屬個人瞎說，姑且聽聽吧！我已經盡量的陳述己知，請不要爲我扣上散播謠言的帽子喔！也歡迎大家發表意見！

說眞的，我也希望經濟好轉大家有飯吃，否則，我的公司就要關門了，我就眞的要去擺路邊攤算命囉！大家共勉之吧！

2000/12/29 寫於　基隆　紫雲齋

消失的十五天—用占星觀點校正八字節氣月令

（2001/07/26 發表於 DESTINY 命理網）

這一篇內容已經存在我的心裡很久了，貼出來又怕會引起圍剿，所以請恕我（容我）以大膽的「假設」來談這個問題。

各位不知道有沒有想過，我們八字所用的節氣源自何時？

爲何八字以「節」來當作月令的起點？

而占星的星座卻是以「中氣」爲起點？

還有，如果研究奇門、大六壬或六壬金口訣的朋友，應該都知道古三式很重視「月將」，而這個「月將」，說穿了就是占星學裡頭的「星座」。

綜合上面幾點，我在圖書館找遍了所有有關節氣命理的古書，全都沒有相關的說明：**八字與星座、月將有十五天的差距。**

也許會有人質疑將星座與八字節氣作比較有些不倫不類，但請容我再舉大家所知的八字「歲破」來請各位思考：

學過八字的朋友都知道歲破就是流年與月柱相衝，我常在想，假設八字源自於星學，那麼太歲與歲破應該有其天文現象，也就是歲破與太歲（歲駕）即太陽與木星應該也是宮位相衝與同宮，經過幾次的星盤測試，我發現傳統的節氣歲破有很大的誤差，如果以月將（星座）來看則無此問題。這是我思考的第一點！

其次，近代的八字學者一直有冬至換年柱的爭論。所謂的冬至，就是太陽照射在地球南迴歸線，這時剛好也是占星學魔羯座的起點。如果沿用傳統的以節換月，則子月勢必分成兩半（這與子時要不要換日的問題是一樣的），如果改以中氣換月，則不會有這些問題發生。當然，冬至一陽始生也是很重要的觀點，奇門遁甲陰陽換局也是以冬至與夏至爲基準。

基於以上二點，我們大膽假設：

月令以「中氣」爲起點。相同的理由，時辰也延後一小時，也就是以偶數（2.4.6.8.10…）時換時辰。

提出這假設與各位分享是因爲我自己對此也沒有絕對的把握，希望各位研究八字的朋友能實驗看看，然後告訴我結果如何，讓我可以檢討！

各位先不要急著批判我的假設觀點對錯，因爲我已經有幾位師兄弟在用了，據他們的回應好像蠻好玩的，畢竟我們才剛開始，是吧。

2001/07/26/　於基隆自宅

2002 年國運講座

（2001/12/29 發表於 DESTINY 命理網）

恭喜大家又有驚無險渡過了風雨飄搖的一年！過去的一年，不知道大家過的如何？我個人倒是有點慘，因爲我從事廣告工作，經濟一不好，我的荷包就跟著大量縮水了，但願大家都比我好！

去年我曾以占星與八字等觀點提出 2001 年的國運預測，現在回顧起來，有些準，當然也有不準的地方，個人的功力還有待提升！今年我再接再厲地從占星以及個人所學提出 2002 年的國運預測，算是給自己一年的學習所做的報告吧！

今年有幾個值得大家觀察的重點，一個是經濟；一個是政局的安穩；另外一個就是兩岸的和平！

延續使用2001年的國運預測盤，2002年的天星盤土星繼續象徵中國的第七宮，並且於2002年的5月份開始行國運盤第十宮的土星，顯示對岸中國會持續的對政府高層打壓與威脅，而且會打亂政府的許多財經佈局，間接影響到經濟的成長。大概在2002年7、8月左右，土星在第七宮三合第三宮的水星與太陽，政府可能會對兩岸三通做讓步，或是實質的開放！

但是我比較擔心的是從2001年下半年開始至2002年七月爲止，木星一直在象徵本土化的巨蟹座徘徊，這段期間台灣的本土意識高漲，從政府到國會都一直朝向本土化前進，然而就世界潮流而言，冥王星在射手座是全球化的時代，台灣在此時反其道而行，實在不得不讓人憂心！

就經濟層面來看，2002年上半年似乎不見起色，但是眞正的挑戰是在下半年，台灣加入WTO的衝擊可能會開始浮現，此時木星進入象徵國際貿易的第九宮遷移宮，若不能早日做好全球化佈局，則下半年勢必要面臨嚴重的貿易衰退，一旦進出口貿易衰退，則台灣的經濟短期間內恐怕也好不起來了！當然，若能順利的在2002年與世界接軌，則當木星下半年進入遷移宮時，未必不是台灣經濟的一個轉型契機。

從2002年的SOLAR RETURN盤來看，火星高照，象徵明年又是災難的一年，特別是火災、交通、爆炸事件，各位需多防備。另外也許會有地震的災害，當然台灣地處亞熱帶，颱風洪水還是免不了的，在此希望天佑吾國！

大家都有過苦日子的準備，因此明年宗教、心靈的活動會大行其道，也許能幫助大家解脫一些心靈上的苦楚。當然也會有許多假借宗教神佛或其他詐騙事件發生，各位當需小心。

股票市場嘛！……各位還是自求多福吧！再怎麼樣我們的政府也會進場干預不是嗎？我有幾位朋友就特別會看政府的臉色，所以縱橫股市多年，一向是輸少贏多，但是重點是要能捨能得（這是他教我的）！

2001/12/29　寫於　基隆自宅

恐怖與苦難的失衡—談土星衝冥王星

（2002/01/06 發表於 DESTINY 命理網）

每隔三十六年的土星衝冥王星，這回大約在 2001 年八月初第一次出現，由於視差運動的關係，第二次土星衝冥王星發生在 2001 年的 11 月初，而最後一次的土星衝冥王星即將發生在 2002 年 5 月。我想 2001 年 911 事件應該讓大家記憶猶新，而這期間所發生的恐怖行動與國際戰亂事件也應該是層出不窮。

就占星學而言，土星就是一個充滿苦難與挫折之星，而冥王星則是代表恐怖、絕望與滅亡，也代表爆炸、恐怖主義、恐怖組織，而現今冥王星的所在｜射手座，則代表著宗教、狂熱的信仰、外國的事物，我們試著把以上這些象徵串連起來，則很容易就可以聯想起美國911事件的始末｜一群國外的宗教狂熱份子透過飛機、炸藥製造出恐怖的報復行動，並摧殘數以千計的生命與數千億美元的商業損失。

這段期間台灣似乎也遭受到牽連，雖然沒有什麼重大的公安事故，但是土星衝冥王星卻也撕裂著台灣這個國家，我們雖然沒有宗教狂熱份子的摧殘，但是從2001年12月的選舉、立法院粗話風波到璩美鳳色情光碟偷拍事件，以及立委疑似嗑藥性派對風波等，每一件都是殘酷而無情地對台灣人民的情感做撕裂，因爲土星衝冥王星正好是在台灣命盤的命宮與夫妻宮。另外土星居雙子，也代表資訊傳遞或媒體受到壓抑與箝制，不知道從璩美鳳色情光碟偷拍事件衍生出新聞局與獨家報導的衝突，還有黨政軍退出三台話題算不算是相關事件？

如果我們將土星與冥王星關係再做延伸，上一次的土星衝冥王星是發生在1965年，正好是美國打越戰期間！弔詭的是1966/08/05美國的世貿大樓正式啓用，36年後的9/11（剛過完生日不久）世貿大樓被摧毀！順便一提的是土星位居雙子座衝冥王星，而紐約的世貿大樓好像也叫雙子星大樓，不知道是巧合還是眞有宿命？

占星學中，**冥王星**代表一切摧毀的力量，因此也被衍伸爲原子能或核子能；**土星**則是代表組織化與結構化，以及務實、實踐的力量。於是1945年第一顆原子彈在日本的廣島爆炸了！而此事件起因於1940年第二次世界大戰的發生，那一年土星刑冥王星。再往前推，1931年土星衝冥王星世界經濟大蕭條！往前再推1914年第一次世界大戰土星合冥王星！

從這幾個事件與土星、冥王星關連看來，土星衝冥王星所帶來的衝擊實在讓人不寒而慄，從最近的中東以巴衝突、印巴關係緊張看來，911事件並沒有讓世人從恐怖中覺醒，相反的，以暴制暴的聲浪卻爲世界和平帶來隱憂！我們眞心的希望這世界不要再有戰亂了！因爲隨著科技的日新月異，戰爭所要付出的代價實在太大了！衷心的希望和平早日來臨！

都是月亮惹的禍

2002/01/06　寫於基隆

（2002/07/04 發表於 DESTINY 命理網及香港緣生網）

相信很多人都看過『狼人』這部電影，在電影中每當狼人要變身攻擊人的時候總是出現在月圓之夜。不但如此，幾乎所有恐怖片的背景都是黑月當空的月圓之夜！各位可曾想過爲什麼嗎？月圓之夜眞有那麼恐怖嗎？

根據國外有關月亮影響的研究報告指出，月亮的盈虧朔望，幾乎和人類，甚至是所有地球上的生物息息相關。

在國外的心理學研究或是犯罪研究上，早就有許多學者明白指出：月亮盈虧，與人類的犯罪率以及精神病發病率上升有關。

在十八世紀，英國的法學家布萊克斯頓爵士就曾說：「精神病患者，是指一個失去理智的人，有時候清醒正常，有時則否，並且常受到月球的盈虧影響。」在國外幾乎所有的警察、消防隊員、醫護人員都知道，每當月亮朔、望之夜，犯罪案件必然暴增，其中以色情犯罪、自殺、縱火、殺人刑案以及精神病患攻擊或越軌案件居多。另外根據美國科學家莫理斯教授的研究顯示：在月球朔、望時分受傷的人，要比平常的受傷者更容易出血；而心臟病患者的發病率也有明顯的增加，一般人則容易產生失眠、緊張或情緒失控的現象。

我們再列舉四項由國外學者所做的研究：（註1）

一、1967年由Edgecliff College, Cincinnati心理學系Jodi Tasso和Elizabeth Miller共同提出一篇論文指出：在滿月期間，強暴、搶劫、攻擊、闖空門、偷竊、偷車、家庭暴力與酗酒行爲等均有增加現象。

二、Gerald.N.Weiskott和George.B.Tipton二位學者曾經檢視美國德州數家州立精神病院的病患入院記錄，發現滿月的入院人數遠比新月來的多。而高入院率則出現在滿月和月底的七天左右。

三、Sheldon Blackman和Don Catalina花費一年的時間研究紐約（Staten Island）的一間社區心理衛生中心急診病人，發現滿月時的求診人數遠高於一個月當中任何時間。

四、Klaus-Peter Ossenkopp與Margitta Ossenkopp研究發現：加拿大的女性心理求診者，會受到月亮週期影響而發生自殘事件。

在網路上我想各位可以輕易的搜尋到相關的資訊，在此我不再贅述。倒是對於月亮所產生的種種影響力，想從占星學的角度來加以探討。

在占星學，月亮代表情緒的反應、情感狀態與精神或心裡的感受性。嚴格來說，月亮是代表人類非理性的心理層面，也可能反映人類的心理與精神弱點。

占星學常拿月亮來比喻女性或是與女性相關的事物，最直接的就是女性的生理期了。我們都知道，女性的生理期大約是28天一個週期，而月亮繞行地球軌道一周正好也是28天。而月亮在繞行地球所產生的陰晴圓缺，事實上也部分反映出女性在生理期間的情緒不穩定狀態。

我想大家都知道，每當新月和滿月期間，是地球海洋的大潮期。各位也都知道，地球上海洋約佔全部面積的70%，而人體內的水分也差不多是這個比例。因此，當朔望期間海水受到月球引力牽引而產生漲潮，人體內的水分同樣也會受到影響。雖然我們還不能理解月亮的朔望對人體水分的影響作用，但是就中國人固有天人合一的觀點而言，我們的生理、心理的確會因爲月亮的朔望盈虧而產生改變。不單如此，幾乎所有的生物都與月亮息息相關。甚至地球每一個地區的天氣、雨量，甚至是地震都可能與月亮有奇妙的關連。（註2）

如果「月亮代表情緒」的理論成立，那麼上述所有的研究報告與統計就都不難理解了！因爲新月與滿月引發的情緒高亢與激動，很容易讓人失去理性陷入瘋狂，當人的理性喪失了，則任何失控與脫序的行爲都會發生！所以精神病患的發病率激增，因爲情緒失控所發生的命案或暴力案件也會增加；情慾高亢的人在失去理智後很容易犯下強暴案件；有心理疾病或心理變態的人則很容易在理智失控後犯下殺人、縱火，或是任何的暴力傷害事件。綜合上述，我們不難理解月亮的朔望對犯罪率的增長原因。在中國民間習俗裡，農曆初一、十五經常要拜拜，我想這也許是先民們瞭解月亮的影響力，想藉宗教的力量來平息月亮所帶來情緒上的激動與不安吧！

其次，既然新月和滿月會引起海水漲潮，同屬水分的人體血液就很容易受到月亮的影響，所以滿月或新月的受傷病患會比平常更容易大量出血。而在國外，某些有經驗的外科醫生，也絕對不會選在月圓之夜爲病患開刀，因爲血液受引力牽引而容易大量出血增加危險性。

還有，國外的統計發現，滿月時期受到動物或寵物咬傷或攻擊事件有明顯的增加(註3)。這有可能也是因爲動物在發情期的情緒不穩定所致。

除此，月亮還可能影響氣候、溫度、地震以及所有動植物的生長，關於月亮對地球人、事、物的種種影響，我想日後有機會再將其整理，以專題式的研究報告公諸同好！

到目前爲止，我們所探討的都是月亮的負面效果，難道月亮眞的只會惹禍而沒有建設嗎?那倒也不是,月圓之時,常常是動物求偶或交配的時刻,各位仔細想想,花好月圓時,不正是年輕男女特別容易墜入情網之時嗎?因此,月亮也是一顆「催情」之星呢!古今中外不知道有多少的文人雅士歌頌月亮與愛情偉大!

除此之外,月亮也深深影響著女性的生理週期、機能和懷孕生子,在國外甚至有研究指出,女性在受精時刻的月亮位置與生男生女有關。而月亮在占星學以及天星擇日也被廣泛的運用在造命擇吉方面。因此,儘管月亮有著許多未知的魔力,但透過占星學學理上的運用,還是可以對我們有所幫助的。隨著科技的日新月異,相信在不久的將來我們可以眞正的解開月亮的魔力之謎,屆時月亮也許就不再惹禍並且可以造福全世界的人類了!

後記:

這篇文章從構思到完成,大約花了二個月的時間收集相關資訊,也經歷過二個新月與滿月之時,從電視新聞上也看到關於自殺、車禍的案件眞的比平常要多出許多,也許日後我會試著收集更多的新聞資訊作爲相關的研究與報告!

註1:詳見台灣先智出版《月的魔力》P.84-P.86

註2:(中央社記者張弘光莫斯科十一日專電)俄羅斯五名知名科學家最近向

俄國政府提議以核彈摧毀月球，以解決因受月球引力影響，造成全世界氣候變化無常、災害頻仍的問題。

這群科學家提出，用俄羅斯的聯盟號火箭將六千萬噸的核彈射向月球即可，這不僅可處理俄羅斯境內上千枚核彈問題，還可以造福全人類。據了解，這五名俄羅斯科學家在全世界物理學界並非享有盛名，但是在俄羅斯都是受尊重的科學家，爲首的科學家弗拉基米爾・克魯因斯基在俄國科學院深受國家重視。

弗拉基米爾・克魯因斯基向此間媒體表示，俄羅斯位於北半球，大部份土地鄰近北極海，天氣冬季嚴寒而且漫長，農業生長都受到影響。此爲月球引力對地球產生的影響。只要把月球摧毀，全世界都可以保持永恆的春天，沙漠、冰原都會變成綠油油的世界。全世界貧窮、饑餓問題都可以因爲糧食不虞匱乏而獲得解決。

據了解，有關月球引力對地球氣候的影響，美國也早有研究。五十年代美國空軍與學界也有用原子彈把月球毀滅的提議，但是後來評估風險太大而作罷。由於近年來全世界氣候變化引起天災造成人類生命財產重大損失。所以研究月球對地球的影響的科學又成爲物理界的顯學。俄羅斯這些科學家適時提出建議，也爲俄羅斯無用處的核子武器尋求和平出路，以造福人群。

註 3：1,621 patients over 3 year period who were bitten by either a cat, rat, horse or dog: the incidence of animal bites was significantly higher around the full moon.

Reference: *Do animals bite more during a full moon? Retrospective observational analysis.*

2002/07/04　寫於基隆自宅

2003 年國運預測（台灣篇）

（2002/07/04 發表於 DESTINY 命理網）

恭喜各位又平安的度過了驚濤駭浪的一年！在過去的這一年裡，台灣經歷了經濟不景氣、股市大跌、失業率屢創新高、331 地震的洗禮、全台大缺水的渴望，以及華航空難、復興空難的震驚，相信已經讓大家練就一身刻苦耐勞、處變不驚的本領，就算將來日子再苦再壞，也應該撼動不了我們早已麻痺的神經吧！

去年（2002）筆者提出的 2002 國運預測報告，檢討起來有準與不準，筆者得多努力。經過將近一年的觀察，台灣的運勢還是不盡人意，除了天運的因素外，當然也摻雜了不少人爲的耗損，所謂家和萬事興，朝野相互內鬥，損耗的恐怕是全民的福祉！希望當朝的大官們和在野的黨政要員能夠多聽聽老百姓的聲音！閒話少說，就來看看 2003 年台灣的整體運勢吧！

在外交方面，延續 2002 年一直到 2003 年六月，土星繼續在國運盤的第七宮徘徊，台灣外交處境還是處於低潮，中國還是會以各種方式阻撓台灣的各種外交機會，兩岸的衝突可能會隨著總統大選而加劇。但是 2003 上半年木星在台灣的遷移宮，如果善用全球化以及兩岸三通的利基，未嘗不是一個好的機會。只是我擔心在本土化聲浪不斷加強下，執政者能否眞正認清世界局勢與趨勢！

六月份後土星會進入台灣的第八宮，馬上就會會合國運盤的天王星，除了會讓台灣有一些災難和意外發生外，也可能對台灣的經濟貿易造成極大的負面影響，如果主政者不能認清國際局勢與兩岸的現實環境，未來二、三年將可能是台灣經濟的惡夢！

就經濟層面來看，2002 年本來應該是台灣轉型的大好年，可惜執政當局沒有認清局勢，加上「本土化」的聲浪高漲，使得台灣錯失一個「國際化」的轉型良機！2003 年來看，木星尚在遷移宮徘徊，在八月中旬以前還有一點機會，執政當局應該把握最後一點機會致力於將台灣與國際化接軌，使台灣成爲大中華經濟圈與國際的流通中心，一旦過了九月，木星逐漸進入官祿宮，台灣又將面臨總統大選的效應，又將再一次衝擊經濟與所有的決策執行！

政治方面，隨著總統大選的腳步接近，朝野政黨還是持續對抗，看來人民只好繼續忍受這種司空見慣的爛戲！2003年木星在獅子座，是一個充滿「明星」與「英雄」的年代，我擔心我們的執政者與在野黨人人想做「英雄」，而忽略了「法治」與「人和」的重要性，如此實非國家之福！

以SOLAR RETURN來看，2003年對台灣來說也不是一個平安年，火星土星與冥王星在第三宮與第九宮對衝，重大的交通意外與火災、缺水問題等公共災害可能還是會層出不窮。森林大火值得注意，另外也會有颱風的肆虐與災害，七月也許會有颱風來襲，希望能爲台灣帶來一點甘霖，解決部分的缺水問題！

農曆年過後，股市與經濟可能有一波短暫的榮景，可惜只有曇花一現。七月也有一波行情，接下來可能要等到十一月左右，經濟才有些好轉，只盼望屆時不要被總統大選所影響。另外受到國際英雄主義抬頭，戰爭的威脅加劇，黃金價格也可能會攀升。

景氣不好，失業率未見改善，家庭問題也會特別多，家庭暴力事件與離婚率也會隨之增加。宗教與心靈修行的團體會大行其道，需要特別注意的是假宗教的斂財問題，當然詐騙案件也會層出不窮。

也許大家會有疑問，怎麼筆者盡說些悲觀的事，難道台灣在明年眞的一無是處？那倒也不是。比如說 2003 年木星在獅子座，跟娛樂相關的行業就會是順遂的一年，另外「個人英雄」主義又將流行，所以各行業要好好把握，創造有個人風格的商品，應該可以很容易讓消費者接受！

2002 年木星在巨蟹座，造就傳統產業的大發利市，特別是跟民生有關的行業，例如以前乏人問津的「蕃茄」飲料竟然可以鹹魚翻身！2003 年就是一個明星與英雄的年代，所以各位讀者應該仔細的想想，在你的行業中成爲一個「明星」與「英雄」，那麼 2003 年對你肯定是一個大好年，在此先祝福大家！

潘文欽 2002/12/30 發表於基隆

2004 國運預測（台灣篇）

經過一年的風風雨雨，大家共同經歷了 SARS 的肆虐、缺水的危機、景氣的反轉，又到歲末年終的檢討時候了，這一年不知道各位過得好不好，對筆者而言，經濟上的損失可以用慘不忍睹來形容，收入減少了，從不借貸的我也開始負債了！所以明年的景氣，我個人可能比誰都在意！

2003年的預測，筆者預言台灣災難不斷，火災、缺水以及重大的公安事故，回顧2003年，SARS的肆虐以及三月一日阿里山火車意外、同日南投信義鄉巒大山區森林火警、好幾起地下爆竹工廠爆炸、蘆洲大火和數不清的火災事故，颱風侵襲南台灣等，如果以事後諸葛來檢討，勉強符合！經濟雖然有好轉，但也都是短暫榮景，很多人也許會覺得景氣在回升，外匯存底也繼續攀高，那麼大家是否也看到失業率攀高、層出不窮的社會問題與治安問題呢？大企業是賺大錢，可是小老百姓可能就沒感覺那麼好吧！

至於政治方面還是亂七八糟，不談也罷，反正大選之前肯定是無法正常運作的啦！只是我完全沒想到國家領導人是用「個人英雄主義」的獅子座風格在治國，這陣子甚至還有媒體稱他是反共抗美的「台灣英雄」，身為中華民國的一份子，眞不知道是該感到高興還是悲哀！反正大家都在唱和「勇敢的台灣人」，不正符合獅子座英雄主義的期待嗎？連2003年最賣座的連續劇「台灣霹靂火」也都是英雄主義的反應呢！

不過隨著2004年的到來，2003年這些光怪陸離的現象可能就要隨之幻滅了！2004年的木星定位在處女座，這是一個謹慎保守而傳統的星座，一切激進的現象到了2004年可能都會有所收斂了！

就台灣的國運盤來說，2004年的歲星-木星在處女座，同時也是國運盤的官祿宮，盤中的土星得到木星的力量引動，似乎暗示著傳統保守勢力正在逐漸增強，除了政治的保守勢力增強，相對的國內也正吹起一陣懷舊與復古風，倘若這股力量持續增強，是否也意味著2004年台灣的政權將有所輪替？

此外，另一個觀察點就是象徵改革、反傳統、反權威、革命、甚至獨立、動盪不安的天王星早已經於2003年離開寶瓶座而進入雙魚座，這也象徵著改革勢力的消退，雖然目前天王星還逆行在寶瓶座，所以天王星的改革勢力還看不出有所變化，但是2003/12/30天王星又會再度進入雙魚，這時候天王星的寶瓶時代也正式宣告結束，這象徵未來的七年政治傾向，抑或世界局勢將走向溫情主義或是世界大同的理想主義，人們經歷過七年的寶瓶動盪期之後，也該是修生養息做心理建設與調整的時候了！天王星的激情將可能被雙魚和海王星的溫情包容所取代！

第三個指標就是土星也進入巨蟹，象徵本土化與比較注重地方意識的能量與勢力將會受到土星的壓制，可能無法再有擴張的空間！基於以上三個指標，我不得不懷疑，台灣已經喪失「獨立」的先機了，至少未來的幾年可能都沒有過去七年天王星在寶瓶座這麼好的光景了！將其擴大反思，是否也意味著2004年將由比較傳統而保守的國民黨取得政權？

姑且不論2004年是由誰取得政權，2004年對當權者都將是困難重重的挑戰！首先**土星**在國運盤的第八宮將盤旋二年半的時間，八宮象徵交流之財，用最白話的說法就是「**生意財**」或是**偏財**，土星在此，意味著未來二年半台灣對外招商可能困難重重，一方面除了是中國的競爭與第三世界國家的崛起，另一方面也可能是產業調整失當或失敗所造成的後果！

其次，**天王星**進入國運盤的**田宅宮**，未來的七年，台灣還是動盪不安，統獨二方的勢力相互較勁，在野與執政也是互不相讓，所謂：「家和萬事興」，一旦二大勢力不理性的爭執，台灣未來的前途不得不讓人憂心！

天王星進入第四宮還有另一個隱憂，就是國內又不知要增加多少的破碎家庭，離婚率在未來的七年會急速攀升，對社會影響之深遠，值得有關單位及早因應！

在兩岸方面，雖然對岸還是對台灣在國際上有所打壓，但是2004年未嘗不是一個比較容易理性交流與溝通的一年，六月以後，兩岸會有比較理性的對話與溝通，也許兩岸領導人可以比較心平氣和的洽談兩岸共同的經濟優先問題！

就經濟方面，2004 年景氣復甦是可以預期，但是似乎不宜過度樂觀，投資股票還是要小心一點！

2004 下半年也許會比較好一點，進出口貿易也會比較暢旺。2004 年也不是完全平安之年，尤其是比較重大的公共安全事故還有流行疾病都是要特別注意。特別是上半年，要注意意外事故的發生，1、2、3、4、5、6、8、9 月都是比較容易發生意外之月份。還有水災也是觀察重點，兒童的意外事故也要特別注意！

在娛樂方面，傳統的教忠教孝或是推理懸疑劇可能會再度流行，流行樂壇 HIP POP 主流地位可能會漸失光彩，新時代（NEW AGE）系列音樂或是傳統音樂與藝術會再度重現！

在個人方面，2003 年流行的個人英雄主義可能就此隕落，取而代之的是一種服務、互助與奉獻，處女座的冷靜、理性、負責與細膩的處事態度，可能再度成為主流的價值意識！

總結來說，在經歷了好幾年的激情變化之後，2004 年可能呈現出一種心靈道德的淨化，變動的年代過去後，最需要的就是「休息」，所以從 2004 年之後，社會會出現一種道德重建的聲音，在邁向世界大同與地球村的時代，這應該是被期待的，希望這個社會是一個充滿愛與包容的大同世界，祝福大家！

潘文欽 2003/12/22 冬至 寫於基隆

天星擇日命理研究中心服務項目

一、八字加政餘天星綜合論命：3600元
二、命理批示：1200元
三、嬰兒命名：3600元
四、公司命名：10000元
五、結婚日課（天星擇日）：3600元
六、公司開幕入宅擇吉：10000元
七、住家陽宅鑑定：6000元
八、公司風水鑑定：10000元（大台北以外縣市，視遠近酌收車馬費）

命理講座

八字命理基礎班：從入門到基礎格局喜用神判斷。學費六千元。
八字高階一柱論命：高級論斷技巧與密傳一柱論命。學費六萬元。

西洋占星學：從基礎到流年大運判斷，一期半年，學費三萬六千元。

新法七政四餘：從基礎到高階論斷，一期半年，學費六萬。

易學密傳之「梅花心易」：一期三個月，學費三萬六千元。

文王卦高階：從入門到一卦多斷，一期半年，學費六萬元。

高級人相學：融合手面相與心理學，一期半年，學費三萬六千元。

開運陽宅風水：從基礎到開業程度，一期半年，學費十萬元整。

天星擇日學：從基礎到高階天星擇日，一期半年，學費十萬元。

簡易奇門遁甲開運法：四堂課一個月，學費六千元。以上課程均可以每月分期繳納，一次繳清可享九折優惠，夫妻同來，學費六折。

◎另有數位錄影VCD光碟函授課程，意者請洽詢電話：02-24230775 或 0920—101316。或直接以電子郵件：pankened@ms24.hinet.net 洽詢！

基礎八字學：20 片光碟含講義，定價：3600 元。

易學密傳梅花心易：24 片光碟，定價：24000 元。

新法七政四餘天星論命：24 片光碟，定價：24000 元。

西洋占星學：20 片光碟，定價 12000 元。

●八字・命學叢書

△**八字神機妙卦／郭木樑**
八字卦實例，得易占之妙與四柱造化玄機
平裝／25開／344頁／300元

△**滴天髓摘要／李修著・朴宥信譯**
不以古書理論畫地自限，反覆驗證使合時代
平裝／25開／332頁／250元

△**標點命理正宗神峰通考／張神峰**
動靜說・六親說・子平諸格正說・五星正說
平裝／25開／432頁／300元

△**易經八字新論／何棰鑨**
八字結合易經之命學新論與專精推象
平裝／25開／296頁／250元

△**八字實錄丿女命專論／王姿尹**
發啓楊公玄空大五行之妙，導正僞學
平裝／25開／232頁／200元

△**果老星宗新詮／李光浦**
鄭氏星案新詮後篇
平裝／25開／400頁／300元

△**命理風水人間事／宋英成**
風水法術有奇驗・降福息災喜慶來
平裝／25開／328頁／250元

△**八字斷驗秘竅／鍾茂基**
命理竅要・十神總論・十二誘導星・實例
平裝／25開／320頁／280元

△**最新八字造化眞跡／劉金財**
作者將用神略分爲體用、原局用神、大運用神
平裝／25開／256頁／250元

△**命理傳世錄／沈朝合**
八字・易卜・陽宅相輔論斷，實務與理論並重
平裝／25開／280頁／230元

△**實用子平學眞詮／黃友輔**
財官及各種命運現象的巧例精闢推斷
平裝／25開／232頁／230元

△**鄭氏星案新詮／李光浦**
簡易詮釋鄭希誠四十星案
平裝／25開／304頁／280元

●八字·命學叢書

△**白話命理秘訣／白雲山人**
系統分明·諸說並存，言而有徵
平裝／25開／336頁／250元

△**實證占星論命／潘文欽**
將論命方法公諸於世，帶領您進入占星學的聖殿
平裝／25開／288頁／280元

△**從八字預測意外災難／王韶華**
以意外災難印證八字理論之可靠性及預測性
平裝／25開／200頁／230元

△**相命生活錄／戴勇吉**
命卜實例附圖解析
平裝／25開／288頁／250元

△**故國情·神州遊／宋英成**
大陸實地堪輿、推命、占卜實例之推演技巧
平裝／25開／376頁／250元

△**八字命理學要徑／黃春發**
對十神生剋洩損及六親之定位有全新看法
平裝／25開／312頁／250元

△**大運流年評斷及探討／黃春發**
對八字本義之分析及探討多有釐正與新意
平裝／25開／296頁／250元

△**子平也瘋狂／許羽賢**
針對施小姐《上帝也算命》之抨擊做辯證
平裝／25開／312頁／250元

△**玄宗八字歲運眞訣／楊鶴朋**
流年、大運運勢總判·玄宗用神新論
平裝／25開／256頁／280元

△**當代名人八字詩評／韓雨墨**
以詩評的方式批斷當代名人命造
平裝／25開／240頁／250元

△**子平命學錦囊／許羽賢**
現代命格實例分析配合十神類化推斷
平裝／25開／280頁／250元

△**八字體用精神／劉金財**
精細闡述八字格局取法與五種用神運用之訣竅
平裝／25開／256頁／250元

八字・命學叢書

△**八字觀象實例詳解／戴惠俐**
八方來問先天命　字柱去推後運途
平裝／25開／320頁／280元

△**現代破譯滴天髓／鐘義明**
解讀江浙派八字命學聖經的高級研習本
平裝／25開／688頁／500元

△**占星與中醫／白漢忠**
結合陰陽五行、易理、天文占星及中西醫學理
平裝／25開／344頁／280元

△**命相騙術大全／白玉石居士**
江湖秘笈盡錄其中，算命不再上當
平裝／25開／288頁／250元

△**增訂 八字命譜總覽／韓雨墨**
衣十天干十二時辰系統分類
精裝／25開／1296頁／1000元

△**子平命學玩索／許羽賢**
論斷詳實、行文活潑，乃初學進階的踏板
平裝／25開／240頁／250元

△**命理準繩評註（上下冊）／鐘義明**
以240位名人爲例，解說命運
平裝／25開／624・616頁／各450元

△**實用子平學闡微／黃友輔**
人生劫難莫耐何・六神論法窺端倪
平裝／25開／232頁／250元

△**命理入門・用神精微／白玉石居士**
細說日元強弱之審辨・詳言用神助力之有無
平裝／25開／376頁／250元

△**四柱命學調候用神大法／阿部泰山**
綜觀八字寒暖燥濕・細察調候盛衰有無
平裝／25開／384頁／250元

△**實用子平學徵義／黃友輔**
人雖靈於萬物，命莫逃乎陰陽五行
平裝／25開／224頁／250元

△**八字批命實務／潘東光**
實例探討今思想潮流及人性需求<GoY2>
平裝／25開／264頁／250元

八字·命學叢書

△歲差校正七政占星奧義／慕　竹
校正28星宿之移動與變動值
平裝／25開／288頁／300元

△命卜·斗數·談世情／宋英成
融合八字、占卜、手相、斗數等命理
平裝／25開／296頁／250元

△命理用神精華評註／鐘義明
改變看的角度·新的思考方式
平裝／25開／512頁／350元

△八字批論選集／潘東光
六十三實例剖析，開拓八字新視野
平裝／25開／248頁／230元

△八字命理精華／吳明修
精準無比、無師自通
平裝／25開／336頁／250元

△八字喜用神實例／了無學士
列舉實例精準無比
平裝／25開／280頁／200元

△八字深入(一、二)／謝武藤
適時掌握機運，達到趨吉避凶的目的
平裝／25開／各232頁／各250元

△八字命理速成／吳明修
探討命理之捷徑
平裝／25開／328頁／230元

△現代命理與中醫(上下册)／鐘義明
從中國的命理與醫學掌握健康的人生
平裝／25開／432·424頁／各300元

△七政三王占星學／王中和
深入瞭解生命現象
平裝／25開／336頁／450元

△最新八字優生學／東方木
拓新五行數理·剖析人生實際
平裝／25開／304頁／280元

△八字特殊格局彙解／陳道隱
可爲攻錯之一助也，足發後人之蒙
平裝／25開／304頁／250元

八字・命學叢書

△**中美國運和天命／李光浦**
詳盡分析中美未來國運，並証之過往行限
平裝／25開／240頁／250元

△**八字實務研究／藍傳盛**
精研八字，直探人生百象
平裝／25開／360頁／250元

△**八字因緣看人間／張健民**
探討人生舞台上的悲歡離合，喜怒哀樂
平裝／25開／256頁／250元

△**八字批流年實務／潘東光**
以理論引導實務・配合時代潮流
平裝／25開／240頁／250元

△**中國八字評註／持明居士**
獨特的見解，非一般泛泛之論
平裝／25開／448頁／350元

△**實證八字命理學／黃春霖・湯鎮源**
適合初學著者及久學不精者元
平裝／25開／336頁／250元

△**子平八字大突破／顏昭博**
就子平基本結構・了解八字精奧
平裝／25開／296頁／200元

△**圖解八字寶鑑／劉金仙**
論命知一生榮枯，預卜窮通
平裝／25開／304頁／200元

△**子平命學精論／吳政憶**
悟五行互動之因果，促人生旅途之順暢
平裝／25開／240頁／250元

△**子平二十四法易學易用／蔣瀚洋**
以為人生指標之參考
平裝／25開／312頁／250元

△**八字流年綜合批斷／謝武藤**
白話註寫各五行之生剋制化及流年流月
平裝／25開／256頁／250元

△**衝敗干支與人生／東方木**
八字干支繫人生，五行吉煞干成敗
平裝／25開／224頁／150元

國立中央圖書館出版品預行編目資料

天星卜卦學／潘文欽著. --一版-- 臺北市：武陵，2004[民 93]
面；　公分
ISBN　957-35-1253-X（平裝）

1.占星術

292.22　　　　93003691

天星卜卦學

著　　者　潘文欽
發 行 人　林輝慶
出 版 者　武陵出版有限公司
社　　址　台北市新生南路三段十九巷十九號
電　　話　(02)23638329・23630730
傳眞號碼　(02)23621183
郵撥帳號　01050635
E－mail　woolin@ms16.hinet.net
網　　址　http：//www.woolin.com.tw
法律顧問　王昧爽律師
印 刷 者　名發美術印刷有限公司
裝 訂 者　忠信裝訂廠
登 記 證　局版臺業字第 1128 號
一版一刷　2004 年 4 月
定　　價　250 元
缺頁或裝訂錯誤可隨時更換

ISBN 957-35-1253-X